씨 뿌리는 자의 비유

씨 뿌리는 자의 비유

: 예수님이 들려주신 하나님 나라의 비밀 이야기

ⓒ 김민규, 2024.

이 책에 인용한 성경전서 개역개정판의 저작권은
(재)대한성서공회에 있습니다.

헬라어 단어 뜻풀이는
『디럭스 바이블 인터내셔널』을 기준으로 하고
네이버 사전을 참고했습니다.

도서출판 인오 In Awe 는 머리 되신 그리스도를 경외하며
즐거이 그분의 길을 걷는 사람들의 목소리를 글에 담아 세상에 전합니다.

도서출판
1nAWE 인오

예수님이 들려주신 하나님 나라의 비밀 이야기

씨 뿌리는 자의 비유

김민규

인오
InAWE

예수 그리스도의 생명을 품은 씨로
척박한 땅 아들 위에 떨어져
썩고 죽음으로 영생을 선물해 주신
나의 어머니 고종순 권사님을 추모합니다.

(1947.8.9~2024.3.27)

편집자 서문

　이름 없는 작은 출판사 인오를 통해 또 한 권의 책이 세상에 나오게 하신 하나님을 찬양합니다. 참으로 우리 하늘 아버지는 서툴고 부족한 인간의 손을 답답해하지 않으시고 넉넉히 기다려 주시는 좋으신 하나님이십니다. 편집자의 역할을 맡아 원고를 교정하고 지면에 배치하며 받은 감동과 이해를 바탕으로 책의 얼개를 알려드리고자 떨리는 손으로 편집자 서문을 씁니다.

　창조주이신 절대자, 전능하신 하나님께서 인간의 몸을 입고 이 땅에 오셔서 당신의 피조물을 섬기되 죽기까지 섬기신 이야기는 인간의 머리로는 상상하기도 이해하기도 힘든 하늘의 이야기입니다. 그리스도인들이 복음을 전하고 세상의 핍박과 유혹에 맞서 싸우며 신앙을 지키고 다음세대를 길러온 유구한 역사 속에서도 인간의 이해에는 늘 한계가 있었습니다. 그런데도 하나님은 그런 부족한 인간들을 통해 역사하셨고 그리스도인들을 계속 낳으셔서 오늘날 온 세상에 편만

하게 하셨습니다. 인간의 언어로는 표현하기 어려운 이 놀라운 이야기는 정말 '신비'라고밖에 말할 수 없습니다.

이 책은 하나님의 신비로운 비밀 이야기의 첫 단추를 끼웁니다. 마가복음 4장에 기록된 예수님의 가르침은 예수님의 모든 비유를 이해하는 시작점이며 신구약 성경이 계시한 진리의 핵심입니다. "너희가 이 비유를 알지 못할진대 어떻게 모든 비유를 알겠느냐"(막4:13) 라는 예수님의 말씀을 가볍게 넘겨선 안 될 것입니다. '이 비유'를 통해 깨닫게 되는 하나님의 나라 이야기는 우리가 경탄하고 감격하여 주님 앞에 엎드려 경배하게 될 놀랍고 복된 좋은 소식입니다.

1장 「떨어지매」(막4:1~9)는 성경의 주인공이 인간이 아니라 하나님이심을 드러내는, 책 전체의 개론과 같은 장입니다. 예수님이 들려주신 이야기는 '네 가지 밭의 비유'가 아니라 '씨 뿌리는 자의 비유'입니다. 밭이 스스로를 기경할 수 있다는 생각은 인간의 율법주의적 사고가 빚어낸 착각이었습니다. 저자는 결실할 수 있는 좋은 밭이라고는 하나도 없는 척박한 이 땅 위에 강한 의지로 생명의 씨를 뿌리신 농부 하나님과, 순종하여 땅에 떨어져 죽으신 예수 그리스도께서 이루신 역사를 이야기합니다.

2장 「첫 단추」(막4:10~20)에서는 저자의 비유 해설이 예수님의 비유풀이와 같음을 확인하게 됩니다. 그리고 믿음의 조상 아브라함에 대한 성경의 기록을 따라가며 아브라함이 사실은 결실할 수 없는 길가, 돌밭, 가시덤불을 넘어, 콘크리트 바닥 수준의 소망 없는 땅이었음을 밝힙니다. 아브라함이 믿음의 조상이 된 것은 죽은 자, 없는 것을 살리고 부르셔서 하나님의 의를 선물로 주시는 일의 본보기입니다. 이것이 '믿음의 조상'의 의미입니다. 믿음으로 아브라함의 자손이 된 우리는 성경을 믿음으로 읽어야 할 것입니다. 이는 성경이 우리를 사랑하시고 우리가 믿을 수 있으며, 하나님의 의義 안에서 언약을 지키시고 우리를 구원하시는 하나님을 보여 준다고 믿는 것입니다.[1]

3장 「가져온 등불」(막4:21~25)에서는 예수님이 연이어 가르치신 '등불 비유'를 첫 단추인 '씨 뿌리는 자의 비유'의 견지에서 살펴봅니다. 예수님이 이루신 하나님 나라 복음의 조명이 비춰자 놀랍게도 '어떤 사람이 가져온 등불'의 심상은 이스라엘에게 '다윗의 등불'이 꺼지지 않게 하시겠다는 하나님의 약속의 메시지임이 드러납니다. 꺼져가는 심지를 끄지 아니하시는 하나님이 등불을 보내 당신의 백성을 구원하시는 이 복음은 예수님이 시작하신 마지막 때에 열방으로까지 확대되었습니다. 이야기를 따라가다 보면 이스라엘 이야기가 왜 하나님 나라의 복음인지 궁금증이 풀리고, 이 복음으로 나와 너와 열방과 이스라엘을 헤아리며 자유 안에 소망을 가지고 사랑하며 용서하며 믿음의 삶을 살아갈 수 있게 될 것입니다.

4장 「자고 깨고 하는 중에」(막4:26~32)는 생명의 씨로 떨어지신 예수님으로 인해 척박했던 땅이 희어져 추수할 때가 오게 된 신비를 이야기합니다. 그리스도인은 복음을 전할 사명을 갖고 살아가지만 복음을 전하는 자가 하나님 나라를 건설하는 것은 아닙니다. 인간이 씨를 뿌리더라도 자라게 하시는 분은 하나님 한 분뿐이십니다. 생명의 씨가 심겼으므로 추수는 자명한 결과입니다. 인간은 그저 자신의 서툰 손으로 씨를 뿌리고, 자라게 하시는 주님을 믿으며 평안히 자고 깨며 살

1　리처드 B. 헤이스, 『상상력의 전환』, (QTM, 2020), p.26.

아갑니다.

마지막 5장 「우리가 건너가자」(막4:35~41)에서는 씨 뿌리는 자의 비유가 현실의 옷을 입고 나타납니다. 갈릴리 바다를 건너가다가 폭풍을 만나자 예수님께 달려들어 항의하며 그분을 흔들어 깨우는 제자들은 모두 길가, 돌밭, 가시떨기임이 폭로되었습니다. 그러나 그들 안에 뿌려진 생명의 씨앗은 결국 자라나 크게 결실하게 됩니다.

5장 원고를 교정하던 중 저자의 어머니께서 소천하셨습니다. 제자들에게 드잡이 당하시는 예수님을 묵상하면서 저자가 철없던 시절 어머니께 대들었던 일화를 언급한 터였습니다. 아들이라는 척박한 땅에 그리스도의 생명을 품고 떨어져 오랜 세월 동안 서서히 닳리어 가신 어머니의 삶이 끝나는 그 순간, '늙음'이 '자람'이 되고 '죽음'이 '생명'이 되는 그리스도인의 삶의 역설이 드러났습니다. 마지막 날에 썩지 아니할 것으로 부활한 몸으로 함께 영광의 주님을 찬양할 소망이 있는 이유는 그리스도께서 씨로 떨어져 죽으심으로 우리라는 열매를 맺으셨기 때문입니다.

우리 하나님께서 처음과 끝을 단단히 붙잡고 계십니다. 이 땅에서 우리의 삶은 당신의 나라를 완성하실 그분을 믿고 그분의 멍에를 메고 배우며 그분처럼 떨어져 죽는 순간의 연속이기에, 그리스도인의 매일 매 순간은 하나님의 영원에 맞닿은 귀한 시간이 됩니다. 저자가 들려주는 하나님의 나라 이야기, 복음의 씨앗이 읽는 분의 마음밭에 떨어져 그 나라의 열매 맺게 되기를 기도합니다.

차 례

1. 떨어지매 _15
    씨 뿌리는 자
    하나님의 열심
    주인공
    회복

2. 첫 단추 _39
    마침내 주어진 비밀
    비밀의 해석
    믿음의 조상 아브라함
    아브라함의 자손

3. 가져온 등불 _65
    언약
    이스라엘과 열방의 빛
    헤아림
    하나님 나라의 복음

4. 자고 깨고 하는 중에 _89
   자라나는 씨
   겨자씨 한 알
   희어진 들판
   소망의 이유

5. 우리가 건너가자 _109
   본색이 드러나다
   비유의 실연實演
   아버지의 나라가 오게 하시며
   예수님의 정체
   하나님 나라의 신비

마치는 글 _135

1. 떨어지매

[1]예수께서 다시 바닷가에서 가르치시니 큰 무리가 모여들거늘 예수께서 바다에 떠 있는 배에 올라 앉으시고 온 무리는 바닷가 육지에 있더라 [2]이에 예수께서 여러 가지를 비유로 가르치시니 그 가르치시는 중에 그들에게 이르시되 [3]들으라 씨를 뿌리는 자가 뿌리러 나가서 [4]뿌릴새 더러는 길 가에 떨어지매 새들이 와서 먹어 버렸고 [5]더러는 흙이 얕은 돌밭에 떨어지매 흙이 깊지 아니하므로 곧 싹이 나오나 [6]해가 돋은 후에 타서 뿌리가 없으므로 말랐고 [7]더러는 가시떨기에 떨어지매 가시가 자라 기운을 막으므로 결실하지 못하였고 [8]더러는 좋은 땅에 떨어지매 자라 무성하여 결실하였으니 삼십 배나 육십 배나 백 배가 되었느니라 하시고 [9]또 이르시되 들을 귀 있는 자는 들으라 하시니라

마가복음 4장 1~9절

예수님이 공생애를 시작하셨다. 그분이 제자들을 부르시고 병자를 고치시고 귀신을 쫓으시고 회당과 마을과 들판에서 가르치시자 갈릴리 일대는 이내 들끓어 올랐다. 백성들은 병자와 귀신 들린 자를 데리고 예수님께로 모여들었으나 유대 지도자들은 그분을 향해 바알세불이 지폈다고 공격했으며 예수님의 식구들은 그분이 미친 줄 알고 집으로 데려가려고 했다. 이스라엘과 온 열방의 왕이신 주님께서 자기 백성에게 이런 수모를 받으신 것이다(마가복음 1~3장).

씨 뿌리는 자

그러나 놀랍게도 주님은 목자 없는 양 같은 무리를 다시 가르치신다. 마가는 다시 가르치기 시작하신 예수님의 이야기로 마가복음 4장을 시작한다.

Καὶ πάλιν ἤρξατο διδάσκειν 카이 팔린 헤르카토 디다스케인

(그리고 **다시** 시작하셨다 가르치기를)

마가는 '다시' 팔린 πάλιν[1] 라는 말로 이야기의 흐름을 가다듬으며 독자들의 흐트러진 시선을 모아 예수님을 향하게 한다. 흔들리는 세상 속에서 유일하게 진동하지 아니하시는 우리 주님은 동요하는 인간들에 아랑곳하지 않고 다시 가르치기로 결정하셨다. 그러자 큰 무리가 그분께로 모여들었다. 예수님의 결정에 따라 가난하고 목마른 백성이 하나님의 말씀을 들 수 있게 된 것이다.

> 예수께서 다시 바닷가에서 가르치시니 큰 무리가 모여들거늘 예수께서 바다에 떠 있는 배에 올라 앉으시고 온 무리는 바닷가 육지에 있더라 (막4:1)

만약 예수님이 가르쳐 주지 않으시면 사람들이 어떻게 배울 수 있으며 어떻게 그분의 말씀을 들을 수 있을까? 은혜로다! 가여운 인생들이 은혜를 받는 데에는 언제나 그분의 결정이 먼저 있었다. 주님이 시작하셔야 한다. 그래야 다음 이야기가 진행될 수 있다. 인간이 말씀을 듣고 배울 수 있는 이유는 예수님께 있다. 인간의 청력과 이해력은 다음 문제다. 오늘도 그분이 인간이 들 수 없는 하늘의 이야기를 전해

---

[1] πάλιν [palin] (스트롱번호 3825) 다시, 도로; 또 한 번, 또다시

주시려고 당신의 수모를 뒤로 하고 가르치기 위해 마음을 먹으셨다는 소식을 듣는다면 우리는 한층 더 겸손해질 것이고, 감격의 예배가 회복될 것이다. 그래서 무엇보다 시급한 건 복음, 곧 주님과 주님이 행하신 일이 선포되는 것이다.

그렇게 다시팔린 가르치신 내용이 바로 '씨 뿌리는 자의 비유'이다. 애석하게도 이 비유는 흔히 '밭의 비유'로 이해되고 있다. 잘 알려진 해석은 이런 것이다. 똑같은 씨가 서로 다른 땅에 떨어졌으나 밭에 따라 다른 성과를 낸다. 길가에 떨어진 씨앗은 새가 와서 먹어버렸고, 돌밭에 떨어진 씨앗은 싹은 났으나 뿌리가 없어 말라버렸고, 가시떨기에 떨어진 씨앗은 자라긴 했으나 가시나무에 막혀 열매를 맺지 못했고, 좋은 땅에 떨어진 씨앗만 결실에 성공해 30배 60배 100배의 열매를 거두었다. 이 '밭'은 다름아닌 인간의 마음이니 이 말씀을 듣는 자는 자신의 심령에 바윗덩이가 있는 건 아닌지, 가시나무와 잡초가 우거진 건 아닌지, 진지하게 자신의 마음 상태를 돌아보고 이런 것들을 뽑아내는 회개의 노력을 해야 한다. 전하는 자도 이렇게 하라고 전하고, 듣고 읽는 자도 그렇게 하겠다고 결심한다. 결국 "우리 모두 좋은 밭이 되자"라는 교훈으로 마치게 되는 것이다.

과연 그런가? 율법 아래에서 다 망해 버린 이스라엘의 실패 끝에 오신 메시아가 고작 '너희들 인간 스스로 좋은 밭이 되어라'라고 가르치셨겠는가? 그 정도의 권면과 충고를 하시기 위해 하늘의 영광을 버리고 이 땅에 오셨겠는가? 그럴 리 없다. 스스로 율법을 지키지 못해 인간의 한계를 고스란히 드러낸 이스라엘에게 또 다시 지킬 수 없는 법을 주기 위해 오셨다면 우리는 그분을 '구원자'라고 부를 수도, 그분의 말씀을

'복음'이라 할 수도 없다.

　이 말씀은 인간의 결단이나 행위를 독려하는 말씀이 아니다. 대체 어느 흙이, 어느 밭이 스스로 자신을 기경해 좋은 밭이 되게 할 수 있단 말인가! 우리는 사소한 다짐도 이행하지 못하는 무능하고 무책임한 존재들일 뿐이다. 인간은 좋은 충고를 듣지 못해서가 아니라 스스로 좋은 밭으로 거듭날 능력이 없기 때문에 결실하지 못한다. 이러한 인간의 실존은 끔찍한 비극이지만 하나님은 인간의 이 비극 위에 당신의 서사를 시작하셨다. 그렇기에 하나님은 인간에게 찬양 받으시기 합당하시다.

　땅은 스스로 좋은 밭이 될 수 없다. 그래서 우리는 이 이야기를 율법이 아닌 복음으로 읽어야 한다. 좋은 충고Good Advice가 아니라 좋은 소식Good News으로 말이다. 복음은 무엇인가? 복음은 인간 스스로 기경할 수 없는 마음밭을 하나님께서 새롭게 하셨다는 소식이다. 인간이 할 수 없는 그 일을 하나님께서 이미 이루셨다는 소식이기에 마가가 쓴 이 책을 우리는 마가충고가 아니라 마가복음이라고 부르는 것이다.

　이제 이쯤에서 우리의 주제를 확실하게 하는 것이 좋겠다. 이 비유는 밭의 비유가 아니라 **씨 뿌리는 자의 비유**다. 도저히 결실할 수 없는 척박한 땅에 강한 의지와 힘으로 씨를 뿌리는 사람과 그 사람에 의해 여기저기 떨어져 죽은 그 씨에 대한 이야기이다. 그래서 이 비유의 **주인공**은 인간이 아니라 씨를 뿌리시는 **하나님**과 한 알의 씨가 되어 떨어지신 **예수 그리스도**다.

　불과 오륙십 년 전만 해도 우리나라 논 한 마지기 땅의 수확량은 두

가마니(160kg)에 불과했다고 한다. 땅이 척박한데도 백성이 가난하여 비료를 구할 수 없었기 때문이다(오늘날은 같은 면적에서 두 배 이상의 쌀이 수확된다). 고대 이스라엘 땅은 더욱 척박했기에 땅을 개간할 것도 없이 씨를 힘껏 뿌려 농사를 지었다. 그러니 씨가 길가에도 떨어지고 돌밭에도 떨어지고 가시밭에도 떨어질 수밖에 없는 노릇이었다. 결실의 관건은 땅이 아니라 떨어진 씨에 있었던 것이다.

> 들으라 씨를 뿌리는 자가 뿌리러 나가서 뿌릴새 더러는 길 가에 떨어지매 새들이 와서 먹어 버렸고 더러는 흙이 얕은 돌밭에 떨어지매 흙이 깊지 아니하므로 곧 싹이 나오나 해가 돋은 후에 타서 뿌리가 없으므로 말랐고 더러는 가시떨기에 떨어지매 가시가 자라 기운을 막으므로 결실하지 못하였고 더러는 좋은 땅에 떨어지매 자라 무성하여 결실하였으니 삼십 배나 육십 배나 백 배가 되었느니라 하시고 또 이르시되 들을 귀 있는 자는 들으라 하시니라 (막4:3~9)

예수님은 이 이야기를 '들으라'로 시작하여 '들으라'로 마치셨다. 무엇보다 우선은 그분의 말씀을 듣는 것이다. 그 누구도 주님의 이 명령을 무시한 채 섣불리 자신의 마음밭을 기경하라고 설교하거나, 스스로 한번 해 보겠다고 달려들어서는 안 된다. 먼저는 들어야 한다.

하나님의 열심

밭의 비유가 아닌 씨 뿌리는 자의 비유로 이 이야기를 들을 준비가 되었다면 이제 성경을 자세히 살펴보자. 이야기에 반복해서 나오는 단어가 우리의 눈길을 사로잡는다. 4절과 5절, 7절과 8절에 반복해서 등장하는 '떨어지매' 이다. 헬라어 핍토πίπτω[2]를 번역한 이 말은 '높은 곳에서 낮은 곳으로 내려가다, 심판에 떨어지다, 넘어지다' 라는 뜻이다. 모래 위에 지은 집이 무너지고[마7:27] 여리고 성이 무너졌으며[히11:10], 큰 성 바벨론이 무너졌다[계14:8, 18:2]는 말씀에 핍토가 쓰였다. 심판을 받아 완전히 망해버린 모양새다. 또 이스라엘이 넘어지기까지 실족하지 않았다는 바울의 선언에서도 사용되었다[롬11:11]. 바울은 이스라엘이 완전한 심판으로 떨어지기까지 버림받은 것이 아니라는 이야기를 하고 있는 것이다.

> 그러므로 내가 말하노니 그들이 넘어지기까지[핍토] 실족하였느냐 그럴 수 없느니라 그들이 넘어짐으로 구원이 이방인에게 이르러 이스라엘로 시기나게 함이니라 (롬11:11)

헬라어 핍토에 담긴 멸망의 이미지가 그려지는가? 씨 뿌리는 자의 비유에서 씨는 자신의 의지와 상관없이 농부의 손에 움켜 던져졌다. 심판에 떨어져 내려갔고 무너졌고 추락했다. 땅이 척박했으므로 그만큼 좋은 씨가 뿌려져야 했던 것이다.

---

2 πίπτω (piptō) (스트롱번호 4098) 넘어지다, 떨어지다

척박한 땅을 포기하지 않고 추수하려는 농부의 강한 의지와 강인한 근육의 힘으로 사방으로 뿌려진 씨는 길가에 떨어져 새에게 먹혀 버렸고, 돌밭에서도 뿌리를 내리지 못해 이내 타 죽어 버렸고, 가시떨기에 떨어져 가시에 찔려 꽃도 피우지 못하고 죽어 버렸다. 그러나 그런 척박한 땅에서도 결국 열매를 맺어 크게 수확을 하고야 말았다. 예수님께서 들으라고 명령하신 이야기는 바로 이 이야기이다.

씨를 뿌려야 하는 농부의 마음과 사정없이 뿌려져 떨어져 죽어야 했던 씨에 대해 우리가 조금만 더 묵상한다면, 스스로 더 좋은 밭이 되겠다며 섣불리 달려들 수 없을 것이다. 열매에 눈이 멀어 욕심을 부릴 수도 없다. 좋은 밭에서 결실한 30배 60배 100배 열매는 농부의 것이지 밭의 소유가 아니다.

교회는 좀 더 진지하고 점잖아질 필요가 있다. 그러기 위해서 예수님이 이 이야기를 왜 하셨는지 생각해 보아야 한다. 예수님은 시종일관 하나님 나라의 복음을 드러내 가르치셨다. 인간들이 알아듣지 못했을 뿐이다. 이 비유를 들려주시기 직전인 마가복음 3장의 말씀도 당신의 나라를 이뤄가시는 하나님의 의지와 행하심에 대한 것이었다.

> **또 산에 오르사 자기가 원하는델로 자들을 부르시니 나아온지라 이에 열둘을 세우셨으니포이에오 이는 자기와 함께 있게 하시고 또 보내사 전도도 하며** (막3:13~14)
> **이 열둘을 세우셨으니포이에오** (막3:16a)
> **대답하시되 누가 내 어머니이며 동생들이냐 하시고 둘러 앉은 자들을 보시며 이르시되 내 어머니와 내 동생들을 보라 누구든**

지 하나님의 뜻대로델레마 행하는포이에오 자가 내 형제요 자매요 어머니이니라 (막3:33~35)

13절의 '원하는'델로³과 35절의 '뜻대로'델레마⁴는 같은 원함으로, 이는 하나님의 원하심, 하나님의 뜻, 하나님의 결정을 의미한다. 14절과 16절의 '세우셨으니'포이에오⁵와 35절의 '행하는'포이에오은 같은 행함으로, 하나님이 주권적으로 세우셨고 행하셨음을 뜻한다. 인간의 원함이 아닌 예수님의 원하심으로 제자가 세워졌고, 인간의 뜻이 아닌 하나님의 주권적 결정으로 예수님의 가족이 세워졌던 것이다.

이렇게 주님이 세우신 제자들은 사실 모두 다 배신자들이었다(예수님은 십자가에 홀로 달리셨다). 그들은 결코 결실할 수 있는 좋은 밭이 아니었다. 그러나 주님은 그런 그들을 가족이라고 말씀하셨다. 귀신 들리고 미쳤다고 비방을 받으셔도 아랑곳하지 않고 다시 가르치기로 결정하신 예수님 덕분에 무리들이 주님의 말씀을 듣게 되었듯이, 하나님의 나라 역시 하나님이 원하셔서 하나님이 직접 뿌리신 씨, 곧 말씀으로 오신 예수님으로 인해 이미 시작되었고 결국 완성될 것이다. **뿌리시는 분의 열심과 떨어진 씨의 생명력** - 이것이 씨 뿌리는 자의 비유가 하고 싶은 이야기이다.

---

3   θέλω [thĕlo] (스트롱번호 2309) 원하다, 바라다, 갈망하다; ~하고자 할 생각이다; 기뻐하다, 좋아하다; 지지하다
4   θέλημα [thĕlēma] (스트롱번호 2307) 결정, 선택; 뜻, 의지; 뜻하는 바; 이루고자 원하거나 결심한 것; (θέλω의 연장형)
5   ποιέω [pŏiĕō] (스트롱번호 4160) 하다, 만들다, 수행하다, 세우다; ~하게 하다; ~을 ~으로 만들다; 실행하다

"내가 어떤 조롱을 받건, 내가 어떤 귀신 취급을 당하건, 내가 나의 부모와 친족과 가까운 사람들로부터 배신을 당하고 조롱을 당하건, 하나님의 나라는 올 수밖에 없다.
그가 나를 붙잡고 나를 뿌리셔서 결국에는 이 황폐한 땅을 바꾸어 내실 것이다. 내가 떨어져 죽으면 하나님의 나라는 완성될 것이다."

오늘 우리가 하나님의 나라 백성이 되었다면, 그것은 우리의 노력이나 우리의 열심으로 이뤄낸 일이 아니다. 하나님 나라의 도래는 인간의 노력으로 할 수 있는 일의 범위를 넘어선다. 이는 하나님이 말씀의 씨앗 되신 예수 그리스도를 움켜잡아 흩어 뿌리신 결과이고, 그분이 우리에게까지 떨어지셨기에 피토 가능해진 일이다. 하나님께서 이 일을 원하셔서 델로 그분의 강한 힘으로 뿌리셨고 죄밖에 없던 쓰레기 더미 위에까지 하나님의 나라가 꽃피우게 된 것이다.

주인공

> 하나님이 죄를 알지도 못하신 이를 우리를 대신하여 죄로 삼으신 것은 우리로 하여금 그 안에서 하나님의 의가 되게 하려 하심이라 (고후5:21)

참으로 하나님은 죄를 알지도 못하신 이를 우리를 대신하여 죄로 삼으시고 우리는 그 안에서 하나님의 의가 되게 하셨다. 이것이 하나님이 이루신 역사이다. 민망하지만 좋은 소식이다. 우리가 좋은 땅 되려고 한 일이 뭐가 있단 말인가? 그저 유일한 의인, 유일한 좋은 씨이신 주님이 우리의 죄가 되어 뿌려져 떨어지셨을 핍토 뿐이다. 주님은 죄가 되셨고 우리는 좋은 땅이 되었다. 주님은 떨어지셨고 우리는 의를 얻었다. 민망한 교환이다. 그 씨가 자라 생명을 꽃피우게 하신 하나님이 우리를 새롭게 변화시키셨다. 씨를 뿌리시는 하나님과 순복하여 땅에 떨어져 죽으신 좋은 씨 예수 그리스도에 의해 이 일은 이미 시작되었다. 우리로서는 낯을 들 수 없는 송구한 출발이다. 그러나 숭고한 희생으로 탄생한 나라이기에 참으로 영광스럽다. 오늘 우리는 그렇게 하나님의 나라의 백성으로 새로운 삶을 시작하게 된 것이다.

　이것이 씨 뿌리는 자의 비유다. 예수님은 사람들이 듣든 아니 듣든, 귀신 취급을 하든, 미친 사람 취급을 하든, 그런 것들과 상관없이 다시 가르치기로 결정하시고 당신이 하나님의 씨앗이 되어 떨어지신다는 하나님 나라의 복음을 선포하셨다. 척박한 이스라엘 땅 가운데 하나님의 나라는 다시 완성될 것이다. 좋은 씨가 떨어져 꽃을 피워 꽃밭이 만들어지는 원리다.

　나쁜 동네라도 좋은 사람들이 들어가 살기 시작하면 좋은 동네가 된다. 선한 것이 하나도 없는 인간 안에 선하신 분이 떨어져 꽃을 피우셨기에 우리도 꽃이 되었다. 이 소식을 복음이라고 한다. 본질상 진노의 자녀인 우리에게(엡2:3) **예수님이 떨어져서 우리를 꽃동네 되게 하신 이 소식이 복음이다.** 예수님은 이 복음을 들려주시려고, 당신이 귀신 취급을 받는 와중에도 다시 가르치기로 결정하신 것이다. 근육질의 강인한 농부가 의지와 목적을 가지고 씨를 움켜잡아 뿌려 비로소 만들어진 나라, 거기가 하나님 나라다. 이 하나님 나라는 하나님이 친히 만드신다.

> 전에는 우리도 다 그 가운데서 우리 육체의 욕심을 따라 지내며 육체와 마음의 원하는 것을 하여 다른 이들과 같이 본질상 진노의 자녀이었더니 긍휼이 풍성하신 하나님이 우리를 사랑하신 그 큰 사랑을 인하여 허물로 죽은 우리를 그리스도와 함께 살리셨고 (너희는 은혜로 구원을 받은 것이라) 또 함께 일으키사 그리스도 예수 안에서 함께 하늘에 앉히시니 이는 그리스도 예수 안에서 우리에게 자비하심으로써 그 은혜의 지극히 풍성함을 오는 여러 세대에 나타내려 하심이라 너희는 그 은혜에 의하여 믿음으로 말미암아 구원을 받았으니 이것은 너희에게서 난 것이 아니요 하나님의 선물이라 행위에서 난 것이 아니니 이는 누구든지 자랑하지 못하게 함이라 (엡2:3~9)

그렇게 하나님 나라가 된 땅이 무슨 할 말이 있을까?

"우리는 아무 공로가 없습니다. 모든 공로는 하나님과 죽임당하신 어린양께만 있습니다."

그래서 하나님 나라는 성삼위 하나님만 찬양 받으셔야 마땅한 나라이다. 천국은 말씀의 씨앗으로 떨어지신 예수님께 감사하고, 자신을 불러 주심에 감격하여 경배하는 곳이지, 인간이 열심을 다해 신앙생활 하다가 죽어서 들어가 금 면류관 쓰고 맨션에 산다거나 아슬아슬하게 구원받아 부끄러운 초가집에서 개털모자 쓰고 사는 그런 곳이 아니다.[6] 땅은 그저 씨를 받았을 뿐이다. 땅에게는 선택권이 없었다. 길바닥이고 돌밭이고 가시덤불에 뒤덮인 척박한 땅에 하나님의 의지로 씨가 떨어져 꽃이 피고 좋은 땅이 되어 버린 것이다.

13세기 페르시아의 시인 잘랄루딘 루미는 이런 사랑 시를 남겼다.

봄의 정원으로 오라[7]

_잘랄루딘 루미

봄의 정원으로 오라
이곳에 꽃과 술과 촛불이 있으니
만일 당신이 오지 않는다면 이것들이 무슨 의미가 있는가

그리고 만일 당신이 온다면
이것들이 또한 무슨 의미가 있는가

사랑하는 이를 기다리며 꽃과 술과 촛불을 준비한 시인의 마음을

---

6 하나님께 드릴 헌신과 헌금을 아꼈다가 죽어서 천국에 들어가 면류관 대신 개털모자를 받아쓴다는 이야기는 한국교회 안에서 오래전부터 떠돌던 말이다. 이런 이야기가 신앙생활의 열심을 독려하는데 도움이 되었는지 모르겠지만 하나님 나라 복음에 인간의 욕심으로 먹물을 끼얹은 이야기가 아닐 수 없다. 천국, 즉 하나님의 나라는 하나님의 임재 앞에 머리에 썼던 관도 그분의 발 앞에 드리고 엎드려 영원히 그분만을 찬양하는 나라다(계4:10).

7 류시화, 『사랑하라 한번도 상처받지 않은 것처럼』, (오래된 미래, 2005)

생각해 보자. 정성을 다해 상을 차렸지만 그 님이 안 오시면 차린 것은 아무 의미가 없다. 그런데 님이 오신다면 어떻게 될까? 님이 오신다면 그때는 그분이 나의 전부이므로 내가 차려 놓은 것들은 의미가 없어진다.

이 절절한 사랑의 노래가 척박한 땅이었던 우리와 우리 안에 떨어지신 예수님을 생각하게 한다. 예수님이 우리에게 오지 않으셨다면 우리가 어떤 노력을 한들 그게 무슨 의미가 있겠는가. 또 예수님이 오셨다면 우리가 했던 일들, 우리가 준비한 초, 우리가 차려 놓은 상, 열심히 올려드린 기도, 그런 것들이 무슨 공로가 될 수 있겠는가. 아무것도 아니다. 예수님만이 우리의 전부가 되신다는 말은 이런 의미이다. '나'라는 쓰레기 밭에 떨어지셔서 꽃밭이 되게 하신 주님이 나의 전부가 되셔야 마땅하다. **주인공은 영원히 주님이시다.**

교회는 이렇게 예수님께 미쳐 있는 사람들이다. 주님이 안 오시면 그저 황폐한 땅일 뿐이다. 그런데 그분이 오셔서 우리를 꽃밭 되게 하셨다면, 우리의 꽃밭 됨이 아무리 아름다워도 그것 또한 아무것도 아니다. 우리에게는 그저 주님이면 충분하다.

회복

그런데 이쯤 되면 한 가지 질문이 생긴다. 왜 다른 땅에는 꽃이 피지 않았을까? 도무지 복음을 받아들이지 않는 우리 주변의 사람들은 왜 변하지 않고 어찌하여 오롯이 나만 은혜를 받았을까? 왜 우리에게만 꽃이 피고 북한과 중국과 아프리카 땅은 복음을 전파할 수도 없는 상태로 척박하게 메말라 있냐는 말이다. 하나님이 불공평하신 것인가?

이 질문을 진지하게 다시 생각해 보자. 사실 우리는 왜 다른 땅에는 꽃이 피지 않느냐고 거창하게 질문하기 전에 왜 나 같은 쓰레기 위에도 꽃을 피우셨는지를 먼저 질문해야 한다. 그러면 어렵지 않게 답을 찾게 된다.

> "아들아, 딸아. 그래서 내가 너에게 먼저 은혜를 허락한 거란다. 내 씨가 너에게 떨어져 꽃이 핀 이유란다."
> "그러면 저도 이제 씨인가요?"
> "그래. 너도 씨가 되었지."
> "아, 그럴군요!"

이렇게 되었다. 이제 우리가 그분의 강한 손에 들려 뿌려져 떨어질 _{팁토} 차례이다. 그분이 우리를 던지실 때 "나에게 왜 이러십니까!" 이렇게 불평할 수 없다. 예수님은 한 알의 밀이 땅에 떨어져 죽고 많은 열매를 맺는 것을 가리켜 인자가 영광을 얻을 때가 왔다고 말씀하셨다. 이것이 영광이다. 예수님께서 우리를 이 영광의 삶으로 초대하고 계신다. 이제 우리도 이 영광스러운 일에 동참하게 되었다. 그리스도의 몸 된 교회의 영광이다. 영광스런 교회라면 하나님의 손에 붙잡혀 뿌려 어떤 땅에라도 떨어뜨려 _{팁토} 달라는 소원과 갈망을 안고 살아야 하지 않겠는가?

> 예수께서 대답하여 이르시되 인자가 영광을 얻을 때가 왔도다 내가 진실로 진실로 너희에게 이르노니 한 알의 밀이 땅에 떨어져 죽지 아니하면 한 알 그대로 있고 죽으면 많은 열매를 맺느니라 (요12:23~24)

이스라엘은 좋은 땅이 아니었다. 열방도 황폐하기는 매한가지다. 의인은 없나니 하나도 없다. 그런데 이 황폐한 땅 가운데 유일하게 좋으신 하나님이 떨어지셨다. 이것이 하나님 나라를 회복할 수 있는 유일한 길이기 때문에 그렇게 하셨다. 그런데 그냥 하신 것이 아니라 미리 알려주시고 약속하셨다. 약속이 먼저다. 먼저 예언으로 알려주시고 그 예언을 이루기 위해 예수님이 이 땅에 오신 것이다.

> 여호와의 말씀이니라 보라 내가 사람의 씨와 짐승의 씨를 이스라엘 집과 유다 집에 뿌릴 날이 이르리니 깨어서 그들을 뿌리 뽑으며 무너뜨리며 전복하며 멸망시키며 괴롭게 하던 것과 같이 내가 깨어서 그들을 세우며 심으리라 여호와의 말씀이니라 (렘31:27~28)

예레미야 선지자는 이 말씀을 통해 황폐해진 이스라엘, 곧 백성이 포로로 끌려가 씨가 말라버린 그 땅에 다시 직접 씨를 뿌려 그들을 세우며 심으시겠다는 하나님의 다짐을 전한다. 신천지에서는 이 말씀을 사람의 씨는 자신들 신천지 교인들이고 짐승의 씨는 기존 교회라고 가르치는데, 터무니없는 말이다. 본문의 '사람의 씨'와 '짐승의 씨'는 하나님의 창조세계의 피조물들을 의미한다. 따라서 이 말씀은 하나님께서 친히 회복시키겠다는 약속이다.

에스겔 36장에도 굳은 땅을 기경하시겠다는 하나님의 약속이 기록되어 있다.

(겔36:26) **또 새 영을 너희 속에 두고 새 마음을 너희에게 주되 너희 육신에서 굳은 마음을 제거하고 부드러운 마음을 줄 것이며:** 땅을 기경하고 계신 하나님의 모습을 묘사하고 있다. 우리가 딱딱한 돌짝밭인데 어떻게 스스로 기경을 하겠는가. 하나님이 당신의 영을 주셔서 굳은 마음이 제거되고 딱딱했던 것이 부드러워지게 될 것이다.

(겔36:27a) **또 내 영을 너희 속에 두어:** 황폐한 땅에 당신의 귀한 씨를 뿌리시는 하나님의 강한 의지와 행하심을 보라!

(겔36:27b) **너희로 내 율례를 행하게 하리니 너희가 내 규례를 지켜 행할지라:** 인간의 어떠함으로 이루어 내는 일이 아니다. 그분이 계속 씨를 뿌리시고, 떨어진 씨가 죽는 그 강력한 역사의 결과로 인간들은 과거에는 할 수 없었던 일들을 할 수 있게 되었다. 오늘날 우리가 이 일에 증인이다.

(겔36:28~29) **내가 너희 조상들에게 준 땅에서 너희가 거주하면서 내 백성이 되고 나는 너희 하나님이 되리라 내가 너희를 모든 더러운 데에서 구원하고 곡식이 풍성하게 하여 기근이 너희에게 닥치지 아니하게 할 것이며:** 하나님은 하나님의 나라를 회복하시고 곡식이 풍성하게 하신다.

(겔36:30~31) **또 나무의 열매와 밭의 소산을 풍성하게 하여 너희가 다**

시는 기근의 욕을 여러 나라에게 당하지 아니하게 하리니 그 때에 너희가 너희 악한 길과 너희 좋지 못한 행위를 기억하고 너희 모든 죄악과 가증한 일로 말미암아 스스로 밉게 보리라: 순서가 중요하다. 일반적으로 종교적인 회개는 스스로를 밉게 보고 신 앞에 회개해서 복을 받는 순서를 따른다. 그러나 성경의 약속은 은혜가 회개를 앞선다. 하나님은 먼저 복을 줘 버리신다. 느닷없이 복을 받고 나면 받은 은혜 가운데에서 비로소 자기가 밉게 보이게 된다. '내가 길가였구나. 내가 돌밭이었구나. 내가 가시덤불로 뒤덮인 쓰레기 더미였구나. 그런데 내가 왜 은혜를 받았을까? 나는 이런 은혜를 받을 만한 사람이 아닌데?' 그제서야 나 스스로를 밉게 볼 수 있게 된다. 이것이 기독교의 자기 부인이다. 나는 이런 은혜를 받을만한 존재가 아닌데 하나님의 결정에 의해 하나님의 끝없는 약속이 내 안에서 이루어졌음을 알게 되면 자연스럽게 따라오는 애통함이다.

(겔36:32a) **주 여호와의 말씀이니라 내가 이렇게 행함은 너희를 위함이 아닌 줄을 너희가 알리라**: 이 일은 하나님께서 당신의 이름을 위해 하신 일이다. 인간의 어떠함 때문에 이뤄진 일이 아니다. 식언치 아니하시는 신실하신 하나님의 하나님 되심을 위해, 하나님께서 직접 황폐한 땅 이스라엘을 회복시키시는 것이다.

(겔36:32b) **이스라엘 족속아 너희 행위로 말미암아 부끄러워하고 한탄할지어다**: 회복에 이어 비로소 진정한 회개가 시작된다.

(겔36:33~36) **주 여호와께서 이같이 말씀하셨느니라 내가 너희를 모든 죄악에서 정결하게 하는 날에 성읍들에 사람이 거주하게 하며 황폐한 것이 건축되게 할 것인즉 전에는 지나가는 자의 눈에 황폐하게

보이던 그 황폐한 땅이 장차 경작이 될지라 사람이 이르기를 이 땅이 황폐하더니 이제는 에덴 동산 같이 되었고 황량하고 적막하고 무너진 성읍들에 성벽과 주민이 있다 하리니 너희 사방에 남은 이방 사람이 나 여호와가 무너진 곳을 건축하며 황폐한 자리에 심은 줄을 알리라 나 여호와가 말하였으니 이루리라: 소망 없는 황폐한 땅이 에덴 동산처럼 회복된 모습을 보는 이방인들은 이 일을 하나님이 하셨다고 고백하게 될 것이다. 씨를 뿌리시는 하나님의 의지, 땅에 떨어져 _{핍토} 죽으시는 예수님의 순종으로 어떤 길가, 돌밭, 가시떨기, 척박한 땅에도 당신의 나라를 당신이 만드시겠다는 선언이다. 이것이 하나님의 하나님 되심이다.

예수님이 오신 이유는 이 예언을 성취하시기 위함이다. 하나님은 씨를 뿌리셨고, 황폐한 땅은 계속해서 경작되어 좋은 밭이 되어가고 있다. 황량하던 땅이 에덴동산같이 아름다운 곳으로 변화되어 다시 주민들이 살게 된다면 과연 누가 영광을 받아야 하겠는가? 땅이 아니라 하나님이시다. 온 땅은 하나님을 찬양해야 할 것이다. 그렇다. 이 약속이 성취됨으로 인하여 하나님은 영광을 받으셔야 한다. 말씀으로 인해 내 삶이 변화되었는가? 그렇게 하신 하나님만 영광을 받으셔야 마땅하다. 아름답게 변한 나의 모습을 다른 이들이 주목할 때 그리스도인의 고백은 하나다.

"나는 아무 공로 없습니다. 하나님에 의해서 예수 그리스도, 생명의 말씀이 저에게까지 떨어지셨습니다."

그렇게 **전도**가 회복된다. 오늘날 그리스도인들이 에스겔서를 읽을 때 이스라엘 땅에 예수님의 말씀이 떨어져 하나님의 나라가 이뤄지기를 소원하며 기도하는 이유와 목적도 오직 하나님의 영광이다. 이것이 그리스도인들이 시온주의자[8]와 다른 점이다. 교회의 본분은 황폐한 우리에게까지 떨어져 주신 예수님과, 그 예수님을 뿌리신 하나님께만 모든 영광을 돌리는 것이다. 하나님 나라는 그렇게 성삼위 하나님만 높임을 받으셔야 한다.

하나님이신 예수님이 우리에게 떨어져 죽으셨다. 우리의 경배를 받으셔야 할 분이 우리 앞에 엎어지셨다면 이제 인간의 떨어짐, 인간의 핍토, 그분 앞에 엎드림은 마땅한 반응이다. 그렇게 **예배**가 회복된다. 이 땅의 그리스도인들이 약속을 이루셔서 우리에게 떨어지신 하나님께 감사하는 하루하루를 살아갈 수 있기를 기대한다. 우리를 꽃밭 되게 하신 하나님의 마음을 알아 우리가 있는 곳 또한 꽃밭 되기를 사모하며 살아갈 수 있기를 축복한다.

지금 내가 속한 가정과 회사, 내 동네 내 나라, 이곳에 하나님께서 나를 뿌려 두신 이유가 자명하지 않은가? 내 인생은 왜 길가인지, 왜 돌짝밭인지, 왜 가시떨기인지, 불평불만하면서 살 것인가? 돌을 뽑아 달라고, 가시를 잘라 달라고, 여기서 꺼내 달라고 기도만 하겠는가? 척박한 땅에서 말씀의 씨를 꽃피우신 그리스도의 삶이 이제 우리에게도 나타나기를 원하시는 아버지의 마음을 안다면 내 환경을 바꿔달라고 기도하기 전에 하나님의 나라와 의를 먼저 구하게 될 것이다. 그렇게

---

8 시온주의: 유대인들의 민족 국가 건설을 위한 민족주의 운동. 세계 각지에 흩어져 있던 유대인들이 그들 조상의 땅인 팔레스타인에 국가를 건설하려는 운동으로, 1948년 이스라엘이 독립함으로써 실현되었다. (표준국어대사전)

기도가 회복된다. 우리를 제자로 부르신 예수님께서 우리를 길가로 보내시고 돌짝밭에 뿌리시고 가시덤불 안으로 던져 넣으셨다.

왜 그러셨나?

이제 떨어진 피토 그곳에서 죽고 싹을 틔워 꽃을 피우라 하신다. 우리를 좋은 땅 되게 하시고, 예수 그리스도의 생명을 품은 열매 되게 하셨으니, 이제 우리도 좋은 씨로 척박한 땅에 떨어질 차례가 된 것이다. 영광스런 파종이다. 그렇게 **제자도**가 회복된다. 자기를 부인하고 제 십자가를 지고 그리스도를 따르는 제자도 말이다.

하나님은 우리가 뿌려진 땅에서도 꽃을 보기 원하신다.

원망과 불평 가운데 있는 그대여, 이제 일어나라!

그리스도의 몸 된 교회여,
회복된 전도와 예배와 기도와 제자도 가운데서
하나님의 나라를 도모하라!

2. 첫 단추

[10]예수께서 홀로 계실 때에 함께 한 사람들이 열두 제자와 더불어 그 비유들에 대하여 물으니 [11]이르시되 하나님 나라의 비밀을 너희에게는 주었으나 외인에게는 모든 것을 비유로 하나니 [12]이는 그들로 보기는 보아도 알지 못하며 듣기는 들어도 깨닫지 못하게 하여 돌이켜 죄 사함을 얻지 못하게 하려 함이라 하시고 [13]또 이르시되 너희가 이 비유를 알지 못할진대 어떻게 모든 비유를 알겠느냐 [14]뿌리는 자는 말씀을 뿌리는 것이라 [15]말씀이 길 가에 뿌려졌다는 것은 이들을 가리킴이니 곧 말씀을 들었을 때에 사탄이 즉시 와서 그들에게 뿌려진 말씀을 빼앗는 것이요 [16]또 이와 같이 돌밭에 뿌려졌다는 것은 이들을 가리킴이니 곧 말씀을 들을 때에 즉시 기쁨으로 받으나 [17]그 속에 뿌리가 없어 잠깐 견디다가 말씀으로 인하여 환난이나 박해가 일어나는 때에는 곧 넘어지는 자요 [18]또 어떤 이는 가시떨기에 뿌려진 자니 이들은 말씀을 듣기는 하되 [19]세상의 염려와 재물의 유혹과 기타 욕심이 들어와 말씀을 막아 결실하지 못하게 되는 자요 [20]좋은 땅에 뿌려졌다는 것은 곧 말씀을 듣고 받아 삼십 배나 육십 배나 백 배의 결실을 하는 자니라

마가복음 6장 10~20절

씨 뿌리는 자의 비유를 설교하고 난 후, 몇몇 교우들이 좋은 밭이 되려는 열심에서 풀려나 복음을 통한 자유와 해방을 경험했다고 나눠주셨다. 뽑히지 않는 가시와 딱딱한 돌로 가득한 마음밭을 세상 누가 스스로 기경할 수 있겠는가. 아무리 애쓰고 몸부림을 친다 해도 변하지 않는 자신을 지켜보며 정죄감과 죄책감만 더할 뿐이다. 반복해서 좌절하다 보면 결국 포기하고 체념하게 되지 않던가. 인간의 열심은 변질을 가져오지만 복음은 인간을 변화시킨다. 복음은 인간에게 정죄감과 체념의 굴레를 벗어난 자유와 해방을 안겨준다. 괴로움이 큰 만큼 복음이 주는 자유도 크다. 복음 증거가 시급한 이유이다.

윌리엄 윌리몬은 오늘날 개신교 설교가 도덕화 되고 심리화 된 결과, 복음을 듣지 못한 성도들이 고통을 당한다고 지적한다. 설교단에 선 설교자들이 자기개발을 위한 동기부여의 메시지를 전달하며 청자들이 스스로 결단하도록 부추겨 왔기에, 청자들은 정죄감의 악순환에서 벗어나지 못한다는 것이다.[1] 설교는 청중이 이루어야 하는 이상을 도출하는 게 아니다. 복음은 자기성취와 자기만족을 위한 이기적인 기술이 아니다. 설교자는 설교단에서 복음을 선포해야 한다. 성도는 복음을 듣고 하나님이 하신 일에 감격하여 그분께 영광을 돌리고 경배하며 집으로 돌아가야 마땅하다.

Jean-François Millet, "The Sower", 1849

밀레의 그림 〈씨 뿌리는 사람〉에 표현된 농부의 강인함은 이 복음을 잘 드러내고 있다. 커다란 손으로 가득 움킨 씨와 그것을 뿌리려는 농부의 강한 어깨와 근육을 보라. 각진 코와 턱선에서 드러나는 의지와 역동성, 이 모든 것에서 느껴지는 하나님의 능력을. 이것이 바로 사도 바울이 "깊도다 하나님의 지혜와 지식의 풍성함이여!"(롬11:33) 라고 감탄한 하나님의 열심이다. 하나님은 당신의

---

[1] "현대 개신교 설교의 근본적인 두 약점, 곧 도덕화와 심리화는 설교의 권위를 엉뚱한 데서 찾은 결과다. 도덕화는 설교자들이 단순한 도덕적 추론, 즉 청중이 이루어야 하는 이상을 도출할 수 있는 본문을 찾고자 성경을 훑을 때 일어난다. 이럴 경우, 더 나은 삶을 위한 제안이나, 바른 의견을 위한 원칙이나, 완수해야 할 의무의 형태로 복음이 제시된다. 도덕화에서는, 말할 거리 즉 사람들을 설복시킬 쉽고 간단한 방법을 찾으려는 목회자의 진지한 시도에 의해 복음이 왜곡된다. 또 기독교의 선포를 왜곡한다. 복음은 대개 우리의 행위와 계획이 아니라 **하나님의** 행위와 계획과 관련이 있기 때문이다.
심리화는 설교자들이 복음에 심리적 자기 심취를 덧붙여서, 청중의 기분을 돋우는 일련의 원리나 프로그램이나 일반적 조언을 제시할 때 일어난다. … 이 때 복음은 자기 성취와 자기만족을 위해 개인화된 이기적 기술로 전락한다."
_윌리엄 윌리몬, 『작은 교회의 설교와 예배』, (비아토르, 2021), pp.158~159.

모든 능력을 발휘하셔서 생명의 씨앗을 이 땅에 뿌리셨고, 그 씨의 죽음을 통해 황폐한 땅은 옥토로 변하여 열매를 맺었다.

마가복음 4장 10~20절은 이 '씨 뿌리는 사람'의 비유에 대해 예수님께서 직접 해석해 주신 말씀이다. 이제는 예수님의 해석을 기준으로 우리의 이해를 점검해 볼 차례다. 우리가 앞 장에서 1~9절 말씀을 통해 이해한 바가 혹 미심쩍었다 할지라도 10~20절의 예수님 말씀과 일맥상통한다면 비로소 그것이 진리이며 복음이라고 확언할 수 있을 것이다. 물론 앞으로도 확인하겠지만 우리의 해석은 예수님의 해석에 부합한다. 이 비유는 하나님의 신비를 더욱 풍성하게 드러낼 것이다.

마침내 주어진 비밀

> 예수께서 홀로 계실 때에 함께 한 사람들이 열두 제자와 더불어 그 비유들에 대하여 물으니 이르시되 하나님 나라의 비밀을 너희에게는 주었으나 외인에게는 모든 것을 비유로 하나니
> (막4:10~11)

지금 예수님은 큰 무리와 헤어져 몇몇 사람들과 함께 계신다. 이들 중에는 열두 제자에 들지 않은 사람들도 있다. 아마도 집으로 돌아가지 않고 예수님 곁에 남은 사람들이었으리라. 주님은 이름도 기록되지 않은 이 사람들을 외면하지 않으시고 그들에게도 넉넉히 하나님 나라의 비밀을 알려주신다.

예수님이 말씀하신 '비밀'은 '이거 비밀인데 너만 알고 있어'라고 말하는 그런 종류의 비밀secret이 아니다. 우리말 '비밀' 이라고 번역한 헬라어 미스테리온μυστήριον[2]은 '비밀'보다는 **신비**에 가깝다. 불가사의한 일을 뜻하는 영어 미스테리mystery는 이 미스테리온에서 유래되었다. 예수님은 당신과 함께 한 자들에게 하나님 나라의 감추어진 신비를 알려주신 것이다.

그 나라는 감추어져 있기에 하나님께서 보여주지 않으시면 인간들은 그 나라가 어디서 오는지, 어떻게 세워지는지, 도대체 어떤 나라인지 알 도리가 없다. 그런데 지금 예수님과 함께 있는 몇몇 사람들은 이 신비를 듣고 있다. 도대체 이들이 누구기에 이런 특혜를 누리는 것인가? 헌금을 많이 했나? 기도를 많이 했나? 모두 아니다. 이들은 외인들과 똑같이 아무것도 모르는 무지한 자들이다. 마가복음 4장의 마지막은 예수님 곁에서 하나님 나라의 비밀을 다 듣고도 여전히 예수님이 누구신지 모르는 이들의 무지를 고스란히 드러낸다.

> 그들이 심히 두려워하여 서로 말하되 그가 누구이기에 바람과 바다도 순종하는가 하였더라 (막4:41)

믿음도 없고, 예수님이 누구신지도 모르는 제자들이지만 이들에게는 비밀이 허락되었다. 선택을 받은 것이다. 그렇다면 **선택의 조건**은 무엇일까? 다른 조건은 없다. 그저 **은혜**다. 그저 예수님으로부터 은혜를 받은 것뿐이다. 오늘날 우리 또한 하나님 나라의 비밀을 듣고 있다

---

[2] μυστήριον [müstērion] (스트롱번호 3466) 비밀, 비밀 의례, 비밀 교훈, 신비

면 그건 **우리가 특별해서가 아니라 전적인 은혜임을** 기억하자.

그런데 자연스럽게 이런 질문이 따라온다. 왜 극소수의 사람들만 특혜를 받고 있는가? 예수님의 '**제한적 선택**의 이유'는 무엇인가? 왜 예수님은 무리들에게는 감추시고 소수의 사람들에게만 뜻을 풀어 주셨는가 말이다. 12절에 예수님께서 직접 밝히신 이유를 들어보자.

> 이는 그들로 보기는 보아도 알지 못하며 듣기는 들어도 깨닫지 못하게 하여 돌이켜 죄 사함을 얻지 못하게 하려 함이라 하시고
> (막4:12)

예수님은 보고 들은 자들이 스스로 죄 사함을 얻지 못하게 하려고 감추셨다고 말씀하셨다. 이런 불공평해 보이는 처사를 쉽게 수긍하고 받아들일 사람이 몇이나 될지 모르겠다.

그러나 예수님께서 말씀하시는 죄 사함이 무엇인지 조금만 생각해 보면 비밀을 스스로 깨닫지 못하도록 감추신 것이 얼마나 큰 은혜인지 알게 된다. 기억하는가? 아담과 하와가 선악과를 따 먹었을 때 하나님께서는 생명나무로 가는 길을 막으셨다. 범죄한 인간이 생명나무 열매를 먹고 영생하지 못하게 하신 것이다. 범죄하기 전에는 어땠을까? 범죄하기 전에 금지된 열매는 오직 선악과뿐, 생명나무 열매는 마음껏 먹을 수 있었다. 그러나 범죄한 인간에게 생명나무 열매는 영벌에 이르는 열매가 되고 말았다. 죄인인 상태로 영원히 사는 것이 영벌이기 때문이다.

선악과를 따먹고 나서 스스로 선악을 판단하게 된 인간은 믿을만한

존재가 못 된다. 영벌인 줄도 모르고 영생을 갈망하며 생명나무 열매로 손을 뻗었을 아담과 하와를 상상해 보라. 서로 먹겠다고 달려들어 머리채를 잡고 싸웠을지도 모른다. 인간은 자기가 보기에 선한 일이라면 악한 일도 마다하지 않는 존재로 타락해 버렸지만 그런 인간을 여전히 사랑하시는 하나님은 인간이 영벌 받는 것을 허락하지 않으셨다. 타락 전에는 먹을 수 있었으나 타락 후에는 안 된다. 인간 스스로 영생을 취하려는 시도가 바로 영벌로 가는 내리막길이기에 친히 막아서신 것이다. 이 얼마나 큰 은혜란 말인가!

고린도전서 13장은 사랑이 없이는 아무 유익이 없다고 증언한다. 사랑은 자신의 유익을 구하지 않기에 자신의 유익을 위해서 하는 행위는 사랑이 아니라 욕심이다. 욕심이 잉태하면 죄를 낳고, 죄가 장성하여 사망에 이르기 마련이다. 그러므로 아담과 하와가 영생이라는 자신의 유익을 위해 생명나무 열매를 따먹는 것은 악한 일이고 해선 안 되는 일이었다. 마찬가지로 패역한 백성이 스스로 돌이켜 죄 용서를 받으려 한다면 그것은 동기도 선하지 않을뿐더러 처음부터 불가능한 행위이다. 스스로 사함을 얻기 위해 부지런히 달려들라는 가르침은, 되지 않는 것을 되게 하라는 속임수이며 모든 종교의 한계이다. 우리는 외인에게는 감춰진 하나님 나라 신비가 너희에게는 주어지는 이 이야기를 통해 예수님의 주권적인 선택하심을 겸손히 인정해야 한다.

죄 용서는 본래 스스로 받을 수 없다. 죄라는 것은 그 죄를 지은 사람과 상대방이 있기 마련인데 이스라엘의 경우는 그 상대방이 하나님이었기에 인간 스스로 돌이켜 죄 용서를 받는 것은 더더욱 있을 수 없는 일이었다. 그러나 욕심 많은 인간은 죄를 가지고 있는 찜찜한 상태를 견디지 못하고 용서해 주시기도 전에 스스로를 용서하기 위해 하나님께 달려든다. 용감해 보일지 모르겠지만 어리석은 모습이다. 창조주께 이렇게 덤벼들다니, 안 될 일이다. 불가능한 시도다. 먼저는 용서해 주실 분이 계셔야 하고 그분이 용서하실 때와 시를 정해 주셔야 한다.

예수님은 스스로 듣고 깨달아 자신의 영생과 죄 사함을 추구하는 종교집단을 창설하시고자 이 땅에 오신 것이 아니다. 씨 뿌리는 자의 비유는 종교와는 차원이 다른 그리스도교를 이해하는 첫 번째 단계이다. 예수님은 이 비유를 알지 못하면 다른 비유도 알 수 없다고 말씀하셨다(막4:13). 다시 말해 이 비유를 알아야 비로소 예수님이 앞으로 말씀하실 모든 비유와 말씀을 이해할 수 있다는 뜻이다. **씨 뿌리는 자의 비유가 첫 단추인 셈이다.** 첫 단추를 잘못 끼우면 우스꽝스러워진다. 교회가 이 비유를 이해하지 못한다면 단추가 어긋나고 속살이 드러나는 수치를 당하게 될 것이다. 일평생 종교인으로 살다가 허무하게 끝내고 싶지 않다면 먼저 예수님의 말씀을 자세히 살펴보는 편이 좋겠다.

비밀의 해석

(14절) **뿌리는 자는 말씀을 뿌리는 것이라**: 뿌리는 자는 말씀을 뿌렸다. 전통적으로 교회가 이해해 온 것과 일치한다.

(15절) **말씀이 길 가에 뿌려졌다는 것은 이들을 가리킴이니 곧 말씀을 들었을 때에 사탄이 즉시 와서 그들에게 뿌려진 말씀을 빼앗는 것

이요: 예전에 예배가 끝나고 들은 말씀을 사탄에게 빼앗기지 않기 위해 예수 보혈을 뿌린다고 주문 외우듯이 중얼거리며 예배당을 나서는 사람을 본 적이 있다. 청년 시절 나의 눈에 그 모습은 정말 신실하게 보였다. 그러나 이제 와서 생각해 보면 그분은 자유를 몰랐던 것 같다. 인간이 어디 '예수 보혈, 예수 보혈' 주문을 외운다 해서 스스로를 지킬 수 있는 존재인가? 밭은 자신에게 떨어진 씨를 지키겠다고 스스로 그물을 치거나 새를 쫓을 수 없다.

(16~17절) **또 이와 같이 돌밭에 뿌려졌다는 것은 이들을 가리킴이니 곧 말씀을 들을 때에 즉시 기쁨으로 받으나 그 속에 뿌리가 없어 잠깐 견디다가 말씀으로 인하여 환난이나 박해가 일어나는 때에는 곧 넘어지는 자요:** 돌밭은 말씀을 즉시 기쁨으로 받지만 그 속에 뿌리가 없어 환난이나 박해가 일어날 때 넘어지고 마는 자다. 혹 넘어지지 않도록 세상으로 나가지 않고 예배당에서만 먹고 자고 하면 문제가 해결되지 않을까 생각할지 모르겠지만, 예수님은 환난과 박해 가운데 말씀을 지킬 능력이 없는 돌밭인 제자들을 세상과 현실 속으로 밀어내신다.

(18~19절) **또 어떤 이는 가시떨기에 뿌려진 자니 이들은 말씀을 듣기는 하되 세상의 염려와 재물의 유혹과 기타 욕심이 들어와 말씀을 막아 결실하지 못하게 되는 자요:** 가시떨기는 세상의 염려와 재물의 유혹과 기타 욕심으로 말씀이 막히는 자다. 세상에 욕심 없는 자가 있으랴. 이런 것들로 인해 말씀이 결실하지 못하는 상태가 가시떨기의 상태다.

(20절) **좋은 땅에 뿌려졌다는 것은 곧 말씀을 듣고 받아 삼십 배나 육십 배나 백 배의 결실을 하는 자니라:** 좋은 밭은 말씀을 듣고 받아

서 30배 60배 100배의 결실을 맺는다. 그래서 대체로 이 본문에서 나온 설교는 자신의 염려와 욕심을 발견하여 회개하는 것, 그리고 가시를 뽑아내어 환난과 박해와 유혹을 떨치고 믿음으로 승리할 수 있도록 결단하는 것, 그래서 30배 60배 100배의 축복을 받아 누리라는 충고 정도였다. 이 본문에 대한 설교가 이 정도로 마쳐져 왔다는 것은 윌리엄 윌리몬이 지적한 대로 개신교 설교가 도덕화 되고 심리화 되었다는 증거이다.

도대체 왜 인간의 힘으로는 안 되는가? 의인은 없나니 하나도 없듯이(롬3:10), **이 세상에 좋은 땅은 하나도 없기 때문**이다. 예수님으로부터 하나님 나라의 비밀을 직접 전수받고 있는 이 사람들 역시 그 비밀을 받아 수호하는 결사대가 될 만큼 훌륭한 인물들이 아니었음을 기억하자. **모든 인간은 길가이며, 돌밭이며, 가시떨기이다.**

이스라엘이 좋은 땅이었는가? 아니다. 이스라엘이 좋은 땅이었다면 왜 망했겠는가? 하나님의 백성으로 선택되어 유일하게 율법을 받고 하나님의 제사장 국가가 되었지만 그들은 패역한 백성으로 살다가 심판받았다. 이스라엘의 심판자로 사용되었던 애굽은, 바벨론은, 페르시아는, 로마는 좋은 땅이었나? 오늘날 대한민국은 좋은 땅인가? 아니다. 어느 민족, 어느 나라, 어느 방언도 좋은 땅이라고 불릴 만한 곳은 없다. 이것이 인간의 실제이며, 실체이다.

역사 이래로 좋은 땅은 없었다. 그런데 현실은 하나님의 나라가 왔고 하나님의 백성이 나타났다. 어떻게 된 영문인가? 땅이 스스로 해낸 일이 아니다. **유일한 좋은 씨인 예수 그리스도가 떨어져서 죽으심으**

로 하나님의 나라가 재건되었고, 하나님의 백성이 거듭났다. 좋은 씨가 뿌려짐으로 나쁜 땅에서도 열매를 맺다니, 참으로 신비이다. 이것은 전적으로 하나님께서 예수 그리스도 안에서 이뤄 내신 업적이다. 이 나라 이 백성은 인간 측에서 만들 수 없고, 하나님의 열심과 의지와 결단으로 뿌려진 말씀에 의해 결실한 열매인 것이다.

그래서 우리는 소유격을 사용한다. 하나님**의** 나라, 하나님**의** 백성이라고 말이다. 하나님의 때에, 하나님의 방법에 따라, 하나님의 주권적인 선택하심으로 그분의 나라 백성이 된 우리는 이 이야기를 **복음**으로 읽고 **하나님 나라의 신비**라고 말한다.

좋은 땅이 있어서 그 땅에서 좋은 열매가 맺혔다면 그건 인과관계일 뿐이다. 신비가 아니라 상식과 원리의 영역이다. 그러나 교회는 신비롭게 탄생한 하나님의 나라요 하나님의 백성이다. 우리가 아직 죄인 되었을 때, 우리가 하나님의 원수일 때, 우리가 알지도 못하고 원하지도 않았을 그 때 이미 이뤄진 일이다. 교회는 이 신비가 예수 그리스도 안에서 이미 이뤄졌다는 소식을 받았다.

믿음의 조상 아브라함

하나님의 나라 신비를 더 깊이 이해하기 위해 우리의 조상을 기억해보자. 믿음의 조상 아브라함을 말이다.

아브라함은 믿음의 조상이다. 많은 설교자들이 하나님의 말씀에 따라 고향을 떠난 아브라함을 통해 '우리도 아브라함처럼 되어야 한다'

라고 선동한다. 아브라함의 믿음을 본받아 믿음의 가문을 세우고 그런 자신을 통해 천하 만민이 복을 받게 하라는 것이다. 도덕화, 심리화된 개신교 설교의 전형이며 성경을 곡해하는 잘못된 교훈이다. 하나님 나라 이스라엘의 시조를 정하는 믿음의 조상 세우기는 이미 끝난 일이기에 아브라함 이야기는 내 가문을 믿음으로 굳게 세우는데 적용할 말씀이 아니다. 그렇다고 믿음의 후손들에게 아브라함을 본받아 믿음의 결단을 하고 순종하라는 말씀은 더더욱 아니다. 우리는 질문해 보아야 한다. 하나님께서 그를 '믿음의 조상'이라고 여기신 이유가 그의 믿음이 만대에 모범이 되는 순전한 믿음이었기 때문일까? **아브라함은 과연 좋은 땅이었는가?**

> 여호와께서 아브람에게 이르시되 너는 너의 고향과 친척과 아버지의 집을 떠나 내가 네게 보여 줄 땅으로 가라 내가 너로 큰 민족을 이루고 네게 복을 주어 네 이름을 창대하게 하리니 너는 복이 될지라 너를 축복하는 자에게는 내가 복을 내리고 너를 저주하는 자에게는 내가 저주하리니 땅의 모든 족속이 너로 말미암아 복을 얻을 것이라 하신지라 (창12:1~3)
> 이에 아브람이 여호와의 말씀을 따라갔고 롯도 그와 함께 갔으며 아브람이 하란을 떠날 때에 칠십오 세였더라 (창12:4)

이 말씀은 아브라함이 하나님의 말씀에 순종한 대표적인 장면으로 여겨져 왔다. 그런데 정말 아브라함이 순종했는가? 아니다. 아브라함은 친척인 롯을 데려감으로 즉시 불순종했다. 이건 더 교묘한 불순종이다. 한 것도 아니고 안 한 것도 아닌 더 가증한 행위다. 가면 가고 안 가면 안 갈 것이지 말씀도 따라가고 친척도 데려갔던 것이다. 예수님의 비유 해석을 기억하는가? 그는 말씀이 떨어진 즉시 사탄에 의해 뿌려진 그 말씀을 빼앗기고 말았다. 아브라함이 좋은 땅인가? 그는 길가였다.

가나안 땅에 마침내 들어간 아브라함은 자기에게 나타나신 여호와 하나님을 뵙고 '이 땅을 너와 네 자손에게 주리라'는 약속도 받는다. 그런데 그는 그 약속을 받고도 그 땅에 머무르지 않고 남쪽으로 계속 내려가다가 마침내 애굽까지 내려가고 만다(창12:7~10). 이는 그 땅에 기근이 심하였기 때문이다. 말씀을 들을 때는 기쁨으로 받고 제단을 쌓아 예배도 드리고 하나님의 이름도 불렀지만 그 속에 뿌리가 없으니 기근을 만났을 때 넘어졌던 것이다. 아브라함이 좋은 땅인가? 그는 돌밭이었다.

그렇게 애굽에 들어간 아브라함에게 세상의 염려가 닥친다. 애굽에 가까이 이르렀을 때 애굽인이 자신을 살해할까 봐 불안해진 것이다. 그는 결국 근심과 염려를 이겨내지 못하고 자기 목숨을 지키고자 아내를 누이라고 속이고 말았다. 그는 하나님의 말씀으로 말미암아 살지 못하고, 아내로 말미암아 살았다. 세상의 염려로 인해 말씀이 그의 안에서 결실하지 못했다. 아브라함은 좋은 땅인가? 아니다. 그는 그저 가시떨기일 뿐이었다.

애굽에서 나온 이후에도 아브라함의 불순종은 계속 이어져서 이번에는 약속의 자녀가 아닌 행위의 자녀 이스마엘을 낳아버린다.

> 아브람의 아내 사래는 출산하지 못하였고 그에게 한 여종이 있으니 애굽 사람이요 이름은 하갈이라 사래가 아브람에게 이르되 여호와께서 내 출산을 허락하지 아니하셨으니 원하건대 내 여종에게 들어가라 내가 혹 그로 말미암아 자녀를 얻을까 하노라 하매 아브람이 사래의 말을 들으니라 아브람의 아내 사래가 그 여종 애굽 사람 하갈을 데려다가 그 남편 아브람에게 첩으로 준 때는 아브람이 가나안 땅에 거주한 지 십 년 후였더라 (창16:1~3)

애굽 여인 하갈은 아브라함 일행이 기근을 피해 애굽에 내려갔을 때 얻은 종이었을 것이다. 메소포타미아 지역에서 살아온 아브라함에게는 이국적인 존재다. 이 낯선 여인에게 들어가라는 말이 아브라함의 아내 사라의 입에서 나왔다. 이에 아브라함은 군말없이 즉시 순종한다. 아브라함이 가시떨기였음이 또 한 번 폭로되는 장면이다. 예수님의 가르침에서 가시떨기는 세상의 염려, 재물의 유혹, 그리고 '기타 욕심'에 막혀 결실하지 못하는 땅이었다. 기타 욕심이라고 번역한 헬라어 에피뛰미아 $\epsilon\pi\iota\theta\upsilon\mu\iota\alpha$[3]는 금지된 것이나 낯선 것에 대한 욕망을 뜻한다. 한마디로 '정욕'이다. 낯선 이국 여인과의 동침을 아내가 허락해 주다니, 세상 남성들에게 이보다 더 설레는 좋은 소식이 또 있을까? 아브라함이 하갈을 취한 결과 인간의 방법으로 만들어 낸 이스마엘이 탄생했고, 이스마엘의 자손들과 이삭의 자손들은 역사 내내 오늘날까지도 피 튀기는 싸움을 이어가고 있다. 이러고도 아브라함이 좋은 땅인가? 아브라함은 그저 뾰족뾰족한 가시떨기에 불과하다.

---

3 ἐπιθυμία (ĕpithŭmia) (스트롱번호 1939) 욕망, 동경: 다른 것에 대한 욕망

2. 첫 단추

그러나 길가, 돌밭, 가시떨기로 실수하고 실패하며 살아가던 아브라함에게 전능하신 하나님이 다시 나타나신다. 그가 99세가 되었을 때의 일이다. 이제부터 하나님의 일하심이 시작된다. 절망의 땅에 생명의 씨앗이 뿌려지는 장면이다.

> 아브람이 구십구 세 때에 여호와께서 아브람에게 나타나서 그에게 이르시되 나는 전능한 하나님이라 너는 내 앞에서 행하여 완전하라 내가 내 언약을 나와 너 사이에 두어 너를 크게 번성하게 하리라 하시니 아브람이 엎드렸더니 하나님이 또 그에게 말씀하여 이르시되 보라 내 언약이 너와 함께 있으니 너는 여러 민족의 아버지가 될지라 이제 후로는 네 이름을 아브람이라 하지 아니하고 아브라함이라 하리니 이는 내가 너를 여러 민족의 아버지가 되게 함이니라 내가 너로 심히 번성하게 하리니 내가 네게서 민족들이 나게 하며 왕들이 네게로부터 나오리라 내가 내 언약을 나와 너 및 네 대대 후손 사이에 세워서 영원한 언약을 삼고 너와 네 후손의 하나님이 되리라 내가 너와 네 후손에게 네가 거류하는 이 땅 곧 가나안 온 땅을 주어 영원한 기업이 되게 하고 나는 그들의 하나님이 되리라 하나님이 또 아브라함에게 이르시되 그런즉 너는 내 언약을 지키고 네 후손도 대대로 지키라 너희 중 남자는 다 할례를 받으라 이것이 나와 너희와 너희 후손 사이에 지킬 내 언약이니라 (창17:1~10)
> 하나님이 또 아브라함에게 이르시되 네 아내 사래는 이름을 사래라 하지 말고 사라라 하라 내가 그에게 복을 주어 그가 네게

> 아들을 낳아 주게 하며 내가 그에게 복을 주어 그를 여러 민족의 어머니가 되게 하리니 민족의 여러 왕이 그에게서 나리라
> (창17:15~16)

하나님은 실수투성이인 아브라함에게 '나는 전능한 하나님이라' 라는 말로 당신을 드러내셨다. 아브라함은 끝까지 불순종을 멈추지 못했고 하나님의 언약과 위배되는 믿음 없는 삶을 살았지만, 하나님은 그 끝에서 당신의 전능하심을 발휘하신다. 무능한 아브라함 앞에서 전능한 하나님의 언약은 여전히 유효했다. 이처럼 인간은 끝내고, 하나님은 시작하신다. 인간은 죽이고, 하나님은 살리신다. 하나님은 아브라함에게 모든 약속들을 '내가' 이룰 것이라고 반복해서 말씀하심으로 강한 의지를 드러내셨다. 그리고 아브라함에게는 단 한 가지만 요구하셨는데 그것이 바로 '할례'다. 할례는 남자의 성기를 잘라내는 행위로써 스스로는 생식 기능을 하지 못한다는 신앙고백의 표식이다. 하나님만이 생명을 주실 수 있는 분임을 인정한다는 증표인 것이다. 따라서 할례를 받았다고 자랑할 수 없다. 내가 내 몸을 이렇게 상해 가면서도 하나님을 사랑했다고 자랑하는 자는 영적인 바바리맨이다.

하나님께서 이렇게까지 하셨음에도 불구하고, 우리의 아브라함은 여전히 믿지 않는다. 하나님의 말씀을 들은 아브라함은 그분의 말씀을 비웃고 만다. 이러고도 아브라함이 좋은 땅인가?

> 아브라함이 엎드려 웃으며 마음속으로 이르되 백 세 된 사람이 어찌 자식을 낳을까 사라는 구십 세니 어찌 출산하리요 하

> 고 아브라함이 이에 하나님께 아뢰되 이스마엘이나 하나님 앞에 살기를 원하나이다 하나님이 이르시되 아니라 네 아내 사라가 네게 아들을 낳으리니 너는 그 이름을 이삭이라 하라 내가 그와 내 언약을 세우리니 그의 후손에게 영원한 언약이 되리라 (창17:1~19)

지금까지 우리는 아브라함이 길가, 돌밭, 가시떨기라고 확인했는데, 이쯤 되면 아예 콘크리트 바닥이라고 해야 할 것 같다(그런데 바로 이런 사람이 우리 "믿음의 조상"이다). 그렇다고 하나님이 아브라함에게 하신 '너로 말미암아 천하 만민이 복을 받으리라' 라는 약속을 취소하실까? 그렇지 않다. 하나님은 이 약속을 거두지 않으셨다. 이미 약속이 이뤄져서 우리도 그의 자녀가 되어 하나님을 찬양하고 있으니 말이다. 이 약속은 처음부터 아브라함이 지켜내는 약속이 아니었다. 아브라함은 좋은 밭과는 거리가 먼, 딱딱하게 굳은 땅이었지만 그런 아브라함의 상태보다 하나님의 약속이 먼저였다.

인간은 할 수 없는 일을 하나님께서 행하신다. 아브라함이 싼 똥을 하나님이 다 닦으셨다. 철없는 자녀의 기저귀를 오랜 시간동안 갈고 기르셨다. 그래서 아브라함은 열방의 아버지가 되었고 언약은 성취되었다. 그리스도인들이 아브라함의 이야기에서 그의 믿음을 본받으려는 교훈을 찾아서는 안 되는 이유가 여기에 있다. 그런 성경읽기로는 **주인공이신 하나님을 알 수가 없기 때문**이다.

하나님께서 처음과 끝을 다 쥐고 계신다. 그리스도인들은 이 안정감 안에서 사는 사람들이다. 우리는 하나님이 붙들고 계신 처음과 끝

사이의 시간을 산다. 연약한 우리가 이 안에서 실수하여 다 망가뜨려도 하나님은 넉넉하게 기다려 주신다. 그분은 우리의 아버지시다. 자격 없는 자가 그리스도 안에서 염치없게도 이런 은혜를 받았다.

   그러면 이제 우리는 어떻게 살아야 할까? 어떻게 살면 은혜 받은 자답게 잘 살았다고 할 수 있을까? 스스로 마음밭을 기경하여 옥토로 만들려고 애쓰는 삶, 또 그런 노고를 공로 삼아 자랑하는 삶은 결코 은혜 받은 자의 마땅한 태도가 아니다. 그런 삶은 하나님을 믿지 않고 스스로 해결하려고 달려드는 종교적 삶에 불과하다. 그리스도인은 지금도 포기하지 않으시는 하나님을 바라고 그분의 사랑 안에 거하며 그분의 약속이 이루어지도록 기도한다.[4] 하나님의 나라가 오기를 구하며 사는 삶이다. (우리가 살아가는 시간 동안 하나님의 나라가 자라는 원리에 대해서는 4장에서 좀더 자세히 밝혀 보기로 하자.)

---

[4] 스탠리 하우어워스는 그리스도인들의 기도야말로 세상의 통치자들을 대적하는 행위라고 이야기한다. 하나님의 나라는 인간이 세워가는 것이 아니라 하나님이 주셔야만 받을 수 있기에 그분의 나라를 구하는 기도는 그분의 백성들이 세상 권세에 대적해 그리스도의 싸움을 싸우는 것이다.
"하나님 아버지께서는 그분의 아들을 통해 그분의 창조물을 구원하셨다. 하나님께서는 그분의 영토를 적으로부터 되찾으셨다. 하나님께서 새롭게 승리하신 영토는 "이름이 거룩히 여김을 받으시오며"라고 기도하는 자들이다. 그들은 예수님에 의해 시작된 분열, 곧 하나님 나라라고 불리는 분열이 계속되기를 기도한다. 그들은 그 나라가 도래하기를 기도한다. 왜냐하면 그들이 그 도래의 일부가 되었기 때문이다. 마귀는 광야에서 예수님을 굴복시키려다가 실패한 후 그분을 떠났지만, 싸움은 계속된다. 그래서 예수님께서는 우리에게 죄와 죽음의 권세에 의해 지배당하는 이 세상의 나라들이 끝나도록 기도하라고 가르치신다. 우리는 이제 예수님께로부터 시작된 승리의 시작과 끝 사이에 살고 있음을 알기 때문에 그 나라가 오기를 기도할 수 있다."
  _스탠리 하우어워스, 『마태복음』, (SFC, 2018), p.142.

아브라함의 자손

아브라함이 어떻게 믿음의 조상이 되었는가? 우리는 또 어떻게 하나님 나라 백성이 되었는가! 하나님의 나라, 하나님의 백성이 되는 것은 신비이다. 미스테리다. 하나님은 포기하지 않으시는 열심과 당신의 약속을 반드시 지키시는 신실하심으로 손수 당신의 나라를 만들어 내신다. 죄밖에 없는 인간들을 사랑하여 놓지 아니하시는 **하나님의 사랑법**이며 **하나님 나라의 신비**이다. 예수님은 이 하나님의 이야기를 들으라고 말씀하신 것이다. 씨 뿌리는 자의 비유는 인간들이 다 망쳐서 끝나버린 것만 같은 하나님의 언약을 예수님이 이루시기 위해 직접 길가, 돌밭, 가시덤불에 생명의 씨로 던져져 떨어져 죽는다는 비밀을 담은 비유다. 이것이 씨 뿌리는 자의 비유가 모든 비유와 가르침을 아는 첫 단추가 된다는 의미이다.

사도 바울은 갈라디아서와 로마서에서 이 신비에 대해 이렇게 이야기한다.

> 그리스도께서 우리를 위하여 저주를 받은 바 되사 율법의 저주에서 우리를 속량하셨으니 기록된 바 나무에 달린 자마다 저주 아래에 있는 자라 하였음이라. 이는 그리스도 예수 안에서 아브라함의 복이 이방인에게 미치게 하고 또 우리로 하여금 믿음으로 말미암아 성령의 약속을 받게 하려 함이라 형제들아 내가 사람의 예대로 말하노니 사람의 언약이라도 정한 후에는 아무도 폐하거나 더하거나 하지 못하느니라 이 약속들은 아브라함과 그

> 자손에게 말씀하신 것인데 여럿을 가리켜 그 자손들이라 하지 아니하시고 오직 한 사람을 가리켜 네 자손이라 하셨으니 곧 그리스도라 내가 이것을 말하노니 하나님께서 미리 정하신 언약을 사백삼십 년 후에 생긴 율법이 폐기하지 못하고 그 약속을 헛되게 하지 못하리라 만일 그 유업이 율법에서 난 것이면 약속에서 난 것이 아니리라 그러나 하나님이 약속으로 말미암아 아브라함에게 주신 것이라 (갈3:13~18)

유업은 율법을 지켜서 받아내는 게 아니다. 그저 유업을 주신다고 약속하신 아버지께서 끝까지 그 약속을 취소하지 않으셨기 때문에 받는다. 하나님은 아브라함의 불성실과 불순종 가운데서도 신실하신 예수 그리스도를 통해 약속을 성취하셨다. 그래서 우리 같은 이방인도 하나님의 나라, 하나님의 백성의 유업을 받은 것이다. 길가, 돌밭, 가시떨기에도 당신의 나라를 건설하실 수 있는 **그분의 능력과 신실하심** πίστις[5]이 바로 **우리가 하나님의 나라(백성)가 된 비밀**이다.

로마서 4장은 이 일을 더 자세히 이야기한다. 아브라함은 자랑할 것이 아무것도 없는 사람이었다. 그런데도 하나님은 경건하지 못한 그를 죄인 취급하지 않으시고 '내 아들'이라고 말씀해 주셨다. 아브라함이 할례를 받았기 때문이 아니다. 할례는 그가 길가, 돌밭, 가시떨기 수준을 넘어 콘크리트 바닥임이 증명된 상황에서 자신의 능력이 아닌 하나님의 붙드심으로 산다는 표시일 뿐이다.

---

5 πίστις [pistis] (스트롱번호 4102) 믿음, 신실성, 서약, 증거, 담보, 보증, 신뢰, 신앙

> 그가 할례의 표를 받은 것은 무할례시에 믿음으로 된 의를 인친 것이니 이는 무할례자로서 믿는 모든 자의 조상이 되어 그들도 의로 여기심을 얻게 하려 하심이라 (롬4:11)
> 그러므로 상속자가 되는 그것이 은혜에 속하기 위하여 믿음으로 되나니 이는 그 약속을 그 모든 후손에게 굳게 하려 하심이라 율법에 속한 자에게뿐만 아니라 아브라함의 믿음에 속한 자에게도 그러하니 아브라함은 우리 모든 사람의 조상이라 기록된 바 내가 너를 많은 민족의 조상으로 세웠다 하심과 같으니 그가 믿은 바 하나님은 죽은 자를 살리시며 없는 것을 있는 것으로 부르시는 이시니라 (롬4:16~17)

아브라함이 무엇을 했는가? 그가 한 일 중에 선한 것은 없다. 오직 하나님만 선하셨다. 본토 친척 아비의 집을 떠나라 하셨지만 보란듯이 친척을 데리고 가는 담대한 불순종에도, 제 한 목숨 살겠다고 아내를 팔아먹는 파렴치함에도, 거룩한(?) 명분으로 조강지처 앞에서 이방 여인과 동침하는 응큼함에도, 하나님의 면전에서 대놓고 그분의 말씀을 비웃는 무례함에도, 하나님의 영원한 언약은 취소되지 않았다. 이는 할례를 받은 자나 받지 않은 자나 동일하게 하나님 측에서의 방법으로 그의 자손 되게 하시기 위함이다. 따라서 아브라함은 **죽은 자**를 살리시며 **없는 것**을 있는 것으로 부르시는 이가 좋은 씨를 뿌려 좋은 밭을 만들어 내심으로 하나님의 의를 선물로 주시는 일의 본보기이다. 믿음으로 아브라함의 후손이 된 자들은 이 아브라함이 받은 의의 선물을 상속받는다. 이것이 바로 **믿음의 조상**이 의미하는 바다.

우리는 모두 아브라함의 자손들이다. 우리 역시 우리의 조상과 똑같은 길가, 돌밭, 가시떨기라는 말이다. 하나님께서 이미 당신의 약속을 이루시려고 **예수 그리스도라는 씨**를 뿌려 아브라함을 열국의 아비가 되게 하셨기에 우리 역시 아무 공로 없이 아브라함의 자손이 되어 하나님의 나라 신비를 은혜로 받는 것이다. 이것이 하나님께서 예수님을 보내신 이유였으며, 예수님이 '하나님 나라가 가까이 왔다'라고 선포하신 이유이다. 하나님의 백성다움이 회복되는 일은 **예수 그리스도의 믿음**[6]으로만 가능했던 것이다.

이 말을 당시 유대인들은 받아들일 수 없었을 것이다. 그러나 하나님은 그렇게 하셨다. 처음부터 당신이 하신 약속을 신실하게 지키시기 위해, 사람들의 거절이 당신과의 관계를 결정짓게 하는 것을 거절하시며 스스로 언약을 이루어 가셨다. 이것이 하나님의 의로우심이며

---

6 아직도 '**예수 그리스도의 믿음**'이라는 문구가 낯설게 느껴지는 그리스도인들이 많을 것 같다. 하지만 이 문구는 사도 바울이 자신의 편지에 예수 그리스도의 성육신과 십자가 죽음을 압축해 나타내기 위해 상징적으로 사용해 온 문구이다. 성경을 '**구원하시는 하나님의 자기 계시**'로 보기보다는 '인간이 구원받는 방법'을 알려주는 책이라고 인간 측면에서 이해한 결과, 소유격으로 쓰여 있는 바울의 문구 πίστις Ἰησοῦ Χριστοῦ (피스티스(믿음) 이에쑤(예수) 크리스투(그리스도의))를 '예수 그리스도를 믿는 믿음'으로 번역했고, 이 번역에 의해 '인간이 예수 그리스도를 믿음으로 구원을 얻는다'는 오해가 더 깊어졌던 것 같다. 그러나 씨 뿌리는 자의 비유에서 확실히 드러나듯이, 인간을 구원하는 믿음(πίστις: 믿음, 신실함)은 하나님께 순종하여 이 땅에 떨어지신 예수님의 성육신과, 그분의 지상에서의 삶과 십자가 죽음뿐이다. 이 예수를 하나님이 살리시고 높이시고 하나님의 이름을 주셨기에 우리는 다시 하나님의 자녀로 그분 안에 거할 수 있게 되었다. **예수님의 믿음의 행위가 황폐한 땅인 인류를 하나님의 꽃밭 되게 한 것이다.** 이렇게 구원을 받은 인간이 이 하나님과 예수님을 진정으로 믿는다면, 마지막 구원을 보증하시는 성령님과 동행하며 평생 자기 십자가를 지고 믿음의 삶을 두려움 없이 살아갈 수 있을 것이다. 이 믿음의 삶은 자기 생존과 구원을 위해, 자기 성공을 위해 스스로 밭을 기경하려 달려들며 하나님 앞에 울부짖는 종교적인 삶과 완전히 구별되는 그리스도인의 고상한 삶이다.

하나님의 나라가 형성된 비밀이다.

아, 하나님 나라의 이 놀라운 신비여! 배반한 인류를 포기하지 않으신 하나님께서 먼 옛날 아브라함에게 너의 씨를 통해 천하 만국이 복을 받게 하겠다는 약속을 주셨고 그 약속을 이루기 위해 그리스도께서 바로 그 씨로 오셨다. 바울은 갈라디아서에서 이 복음을 이렇게 선포한다.

> **이 약속들은 아브라함과 그 자손에게 말씀하신 것인데 여럿을 가리켜 그 자손들이라 하지 아니하시고 오직 한 사람을 가리켜 네 자손이라 하셨으니 곧 그리스도라** (갈3:16)

전능하신 하나님이 인간의 모습으로 태어나 인간들과 함께 사셨고, 인간들의 죄가 되어 죽으심으로 인간들이 용서받을 길을 여셨다. 어느 누구 하나 하나님의 속을 시원하게 해드릴 자가 없는 황폐한 땅에 떨어져 하나님의 소원을 이루셨다. 이스라엘도 결국 실패한 이 일, 오늘날 영국도 미국도 대한민국도 여전히 할 수 없는 그 일을 해내신 분께 하나님이 모든 이름 위에 뛰어난 이름을 주셨고, 천하 만국이 그 이름 앞에 무릎을 꿇고 하나님은 그로 인해 영광을 받으신다.[7] 이 대 서

---

[7] 그는 근본 하나님의 본체시나 하나님과 동등됨을 취할 것으로 여기지 아니하시고 오히려 자기를 비워 종의 형체를 가지사 사람들과 같이 되셨고 사람의 모양으로 나타나사 자기를 낮추시고 죽기까지 복종하셨으니 곧 십자가에 죽으심이라 이러므로 하나님이 그를 지극히 높여 모든 이름 위에 뛰어난 이름을 주사 하늘에 있는 자들과 땅에 있는 자들과 땅 아래에 있는 자들로 모든 무릎을 예수의 이름에 꿇게 하시고 모든 입으로 예수 그리스도를 주라 시인하여 하나님 아버지께 영광을 돌리게 하셨느니라 (빌2:6~11)

사가 이천 년 전 베들레헴 마구간에서 시작되었다. 오직 그리스도인만이 서사 안에서 기뻐할 수 있을 것이다.

그러나 오늘날 성탄절에는 웃지 못할 촌극이 벌어진다. 2023년에는 신문지상에 '12월 25일은 교회 오는 날입니다' 라는 대형 광고가 실렸다. 미친 시대다. 그런 광고를 해야만 간신히 예배당에 모이는 사람들이라면 차라리 들어오지 못하도록 예배당 문을 닫아 거는 편이 낫다. 종교적 경건에 대한 열망이나 내세의 걱정, 또는 현세에서 받을 복 때문에 예배당에 나오는 (나와는 주는) 종교인들을 과연 아브라함의 믿음의 후손이라고 말할 수 있을까? 복음과 은혜를 안다면 계속해서 그렇게 살 수는 없을 것이다.

우리는 **씨 뿌리는 자의 비유를 알아야 한다**. 황폐하고 척박한 땅 위에 하나님의 의지와 열심으로 좋은 씨, 예수 그리스도가 뿌려지심으로 비로소 하나님의 나라가 시작되고 그분의 백성이 태어나는 이 서사를 알아야 한다.[8] 교회는 이 이야기의 결과로 태어나 그 나라를 상속받은 예수 그리스도의 몸이다.

온 교회가 씨 뿌리는 자의 비유를 알기를 바란다. 세세토록 찬양받으실 하나님의 나라를 고대하는 그리스도의 몸 된 교회들이여, 이제 깨어나라!

---

8 "하나님의 나라는 전적으로, 오직 하나님만이 하시는 일이다. 종교적 공로나 도덕적 공로를 통해서는 얻을 수 없고 정치투쟁의 대상도 아니며 치밀한 기획일 수 없다. 우리는 하나님 나라를 기획할 수도 없고 조직하거나 이루거나 건설하거나 창안해내거나 상상할 수도 없다. 하나님의 나라는 하나님께서 주신다(마21:43, 눅12:32). 하나님께서 맡기신다(눅22:29). 우리가 할 수 있는 일은 그 나라를 상속받는 것뿐이다(마25:34)."
 _Walter Kasper, 『Jesus The Christ』, 1977(스탠리 하우어워스, 『교회됨』, 북코리아, p.98에서 재인용).

3. 가져온 등불

[21]또 그들에게 이르시되 사람이 등불을 가져오는 것은 말 아래에나 평상 아래에 두려 함이냐 등경 위에 두려 함이 아니냐 [22]드러내려 하지 않고는 숨긴 것이 없고 나타내려 하지 않고는 감추인 것이 없느니라 [23]들을 귀 있는 자는 들으라 [24]또 이르시되 너희가 무엇을 듣는가 스스로 삼가라 너희의 헤아리는 그 헤아림으로 너희가 헤아림을 받을 것이며 더 받으리니 [25]있는 자는 받을 것이요 없는 자는 그 있는 것까지도 빼앗기리라

마가복음 4:21~25

예수님은 씨 뿌리는 자의 비유를 해설해 주신 후 연이어 등불 비유를 들려주셨다. 등불 비유는 씨 뿌리는 자의 비유만큼이나 교회 안에 잘 알려진 이야기이다. 그리고 씨 뿌리는 자의 비유가 그랬듯이 등불 비유 역시 성도들의 결단을 촉구하는 본문으로 사용되어 왔다. 예수님께서 세상의 빛으로 오셨고 우리가 그 빛을 받았으니 세상의 등불이 되어 빛을 비추라는 충고와 명령의 말씀으로 이해되어 왔던 것이다.

그러나 이 비유를 씨 뿌리는 자의 비유의 연속선상에서 읽어낸다면 이 말씀 역시 인간을 향한 조언이기 이전에 하나님께서 예수 그리스도 안에서 행하시는 하나님 나라의 비밀로 듣게 된다. 첫 단추인 씨 뿌리는 자의 비유가 채워졌으니 이제 두 번째 단추를 제자리에 가지런하게 채울 차례다.

언약

> 또 그들에게 이르시되 사람이 등불을 가져오는 것은 말 아래에 나 평상 아래에 두려 함이냐 등경 위에 두려 함이 아니냐
> (막4:21)

예수님의 비유는 '사람이 등불을 가져오는' 일반적인 이야기로 시작된다. 등불은 말 아래나 평상 아래가 아니라 등경 위에 올려두어야 한다. 주 조명은 천장 중앙에 달고 책을 읽을 책상에는 스탠드를 올려놓는 것이 상식이다. 물론 요즘은 인테리어 목적으로 은은하게 가려진 무드 조명을 사용하기도 하지만, 예수님 당시에 등불은 해가 지고 난 후 집안 식구들이 의지할 수 있는 유일한 빛이었으며 집안에 밝혀진 등불은 그 집에 사람이 살고 있다는 생명의 상징이었다. 칠흑같이 어두운 길을 더듬어 가던 나그네가 산 위의 빛을 보고 마을을 발견하듯이, 집안에 등불이 있다면 산 위의 마을은 가려질 수 없을 것이다. 등불이 밝혀져 있다면 그 가문, 그 나라에는 여전히 소망이 있다.

예수님 당시 이스라엘은 주권을 빼앗긴 망한 나라였다. B.C.586년에 남유다가 바벨론에게 멸망당한 후 바벨론의 뒤를 이은 페르시아, 헬라, 로마 제국이 세상을 호령하는 내내 하나님의 나라 이스라엘은 그들의 지배를 면하지 못했다. 이스라엘을 재건하려는 인간의 종교적 열심은 극단적 율법 지킴을 지향하는 바리새파를 낳았고, 정치적·군사적 열심은 열심당과 헤롯당을 낳았다. 그러나 하나님이 처음부터 선택하신 그 나라는 망한 것이 아니었다. 사람이 등불을 가지고 왔기

때문이다. 등경 위에서 빛나고 있는 등불을 보는 사람들은 그 집에 생명이 이어지고 있음을 인정할 수밖에 없을 것이다.

> 드러내려 하지 않고는 숨긴 것이 없고 나타내려 하지 않고는 감추인 것이 없느니라 (막4:22)

22절은 상당히 난해한 구절이다. 여러가지 번역본도, 원어성경 자체도 이해하기가 쉽지 않다. 22절을 여러 번역으로 읽어보자.

> 새번역 숨겨 둔 것은 드러나고, 감추어 둔 것은 나타나기 마련이다.
> 공동번역 개정판 감추어둔 것은 드러나게 마련이고 비밀은 알려지게 마련이다.
> New King James Version For there is nothing hidden which will not be revealed, nor has anything been kept secret but that it should come to light.
> English Standard Version For nothing is hidden except to be made manifest; nor is anything secret except to come to light.

숨긴 것이라 할지라도 반드시 드러날 것이고, 감추인 것이라 할지라도 반드시 나타날 것이다. 현재 숨겨졌다고 해도 장차 드러날 것이고, 현재 감추어졌다 해도 널리 알려질 것이다. 나는 이 말씀을 묵상하고 하나님께 질문하다가 이렇게 이해하게 되었다.

"사람이 등불을 가져왔다면 드러내려 하지 않아도 숨길 수 없고, 나타내려 하지 않고도 감출 수 없다."

예수님은 지금 이 이야기를 하고 싶으신 것 같다. 반드시 언약을 이루시려는 하나님의 열심과 성실하심이 변함없기에 황폐하고 척박한 땅에도 하나님 나라가 올 수밖에 없는 것처럼, 망하고 기울어 버린 소망 없는 민족과 가문이라 하더라도 등불을 가져와 등경 위에 두어 빛을 비춘다면 그 가문과 민족이 죽지 않았음이 드러나고야 마는 것이다. 등불을 왜 가져오겠는가? 등불은 아무리 숨기려 해도 반드시 드러난다. 감추어졌다 할지라도 반드시 나타난다. 어둠 속의 등불은 그렇게 될 수밖에 없다. 등불 비유를 들려주신 후 예수님은 이렇게 명령하신다.

"들을 귀 있는 자는 들으라." (23절)

주님은 큰 무리에게 씨 뿌리는 자의 비유를 말씀하신 후에도 같은 명령을 하셨었다. "들을 귀 있는 자는 들으라(9절)." 이 모든 비유가 사실은 한 비유임을 더욱 선명히 드러내시려는 듯, 들을 귀 있는 자는 들으라는 말로 감싸 두셨다. 마가복음 4장에서 마가가 기록한 예수님의 **가르침은 하나님 나라의 비밀에 대한 하나의 이야기다.** 등불 비유와 씨 뿌리는 자의 비유는 같은 이야기인 것이다. 그러니 첫 단추를 잘 꿴 사람이라면 '어떤 사람이 가져온 등불'이 무엇을 의미하는지도 알아들을 수 있다. 씨 뿌리는 자의 비유에서 씨가 예수 그리스도였듯이, 등불 비유에서 어떤 사람이 가져온 등불 또한 예수 그리스도다. 씨 뿌리는 자의 비유에서 농부가 하나님이셨듯이, 등불을 가져오는 어떤 사람도 하나님이시다.

온 세상은 황폐하고 어두워 다 망한 것처럼 보인다. 하나님이 선택하신 그 나라 이스라엘도 황폐하고 어둡기는 마찬가지다. 그러나 하나님은 기필코 씨를 뿌리시고 등불을 가지고 오신다. 예수님은 **좋은 씨**로 황폐한 땅에 떨어져 죽으시고, **등불**로 어두운 세상을 비추신다. 그 결과 이 세상은 꽃이 피고 빛을 보게 되었고, 우리 같은 이방인들도 아브라함의 자손이 되어 그분의 빛 속에 거하게 되었다. 이것이 복음이다.

나는 이 책의 첫 두 장을 통해 씨 뿌리는 자의 비유가 하나님이 아브라함에게 주신 언약의 성취 이야기임을 밝혔다. 그렇다면 등불 비유도 하나님의 언약의 성취로 볼 수 있는가? 나는 그래야만 한다고 믿는다. 신기하게도 하나님의 나라와 그분의 약속을 벗어나서 예수님의 삶과 가르침을 해석하면 그 해석은 지독하게도 개인적이고 심리적인 주관적 감상으로 빠져드는 경향이 있다. 이렇게 되면 하나님 나라의 복음을 들을 귀가 열릴 수가 없다.[1] 우리는 예수님이 하나님의 언

---

1 리처드 헤이스는 복음서가 단순히 교훈을 위해 기록된 것이 아니라 이스라엘의 성경(구약성경)에서 신비롭게 예표된 예수에 대한 증언임을 밝힌다. 정경 복음서는 예수의 무참한 죽음과 부활을 **고대 성서 이야기의 절정부로 해석**하며, 이스라엘의 하나님이 이스라엘을 다루신 이야기에 근거하여 **이스라엘과 열방의 궁극적 신원을 소망하며 증언한 책**이라는 것이다. 헤이스는 복음서들을 서로 상보적인 관계로 보고 각 복음서의 구약 반향을 설명하는데, 특히 마가복음의 핵심은 **다시 한번 이스라엘을 다스리러 오신 하나님에 대한 이야기**라고 해석한다.
"예수의 피는 언약의 피, 곧 이스라엘과 하나님을 연결하는 피다. … 저 피로 인침을 받은 모든 자들은 자신들을 위해 피를 흘린 왕과 함께 다시 한번 포도

약을 성취하러 이 땅에 오신 **이스라엘의 메시아(그리스도)**시며, 우리는 그분의 십자가 죽음과 부활로 인해 마침내 언약에 참여하게 된 상속자로서 그분의 나라가 완성되기를 소원하며 사는 존재임을 잊어서는 안 된다. 이 견지에서만 등불 비유에 담긴 하나님 나라의 복음을 들을 수 있다.

이스라엘과 열방의 빛

하나님은 구약성경 내내 이스라엘의 빛을 꺼지지 않게 하시겠다고 약속하셨다. 다윗에게 주신 이 언약은 그의 왕가 후손들의 유업이 되었다. 열왕기상 11장에는 다윗의 아들 솔로몬의 마음이 여호와를 떠나 우상숭배하고 범죄했기 때문에 하나님께서 이스라엘을 찢어 그의 신하에게 줄 것이라고 경고하시는 내용이 기록되어 있다. 솔로몬은 여호와 하나님을 버리고 그분의 길을 벗어나 시돈 사람의 여신 아스다롯과 모압 신 그모스와 암몬의 신 밀곰을 경배했다. 그러나 하나님은 그를 경책하시면서도 등불을 끄지 않으신다.

> 그러나 내가 택한 내 종 다윗이 내 명령과 내 법도를 지켰으므로 내가 그를 위하여 솔로몬의 생전에는 온 나라를 그의 손에서 빼

주를 마시게 될 나라의 도래를 기대하며 기다리라는 가르침을 받는다. 그리하여 마가에게 있어서 예수의 죽음은 하나님과 이스라엘과의 언약을 해석학적으로 재정의하고 재확증한다."
_ 리처드 B. 헤이스, 『복음서에 나타난 구약의 반향』, (감은사, 2022), p.90.

> 앗지 아니하고 주관하게 하려니와 내가 그의 아들의 손에서 나
> 라를 빼앗아 그 열 지파를 네게 줄 것이요 그의 아들에게는 내가
> 한 지파를 주어서 내가 거기에 내 이름을 두고자 하여 택한 성읍
> 예루살렘에서 내 종 다윗이 항상 내 앞에 등불을 가지고 있게 하
> 리라 (왕상11:34~36)

열왕기상 11장의 이 구절은 솔로몬 왕을 대적했다가 도망자 신세가 된 여로보암에게 아히야 선지자가 전한 하나님의 말씀이다. 솔로몬의 죄로 인해 찢겨 나간 열 지파는 여로보암에게 주어지겠지만 하나님은 다윗의 자손에게 한 지파를 남겨 등불이 꺼지지 않게 하겠다고 말씀하셨다. 이스라엘이 아무리 망가지고 하나님의 길을 벗어났어도 하나님은 다윗에게 주신 약속을 지키셨다. 다윗과 다윗의 아들 솔로몬이 어떤 삶을 살건 이 약속은 변하지 않았다. 믿음 없는 아브라함에게 한결같이 신실하셨던 하나님은 다윗과 다윗의 후손들에게도 동일하게 신실하셨다. 하나님은 다윗 자손들의 어떠함에도 당신의 나라를 스스로 지키셨다.

> 느밧의 아들 여로보암 왕 열여덟째 해에 아비얌이 유다 왕이 되
> 고 예루살렘에서 삼 년 동안 다스리니라 그의 어머니의 이름은
> 마아가요 아비살롬의 딸이더라 아비얌이 그의 아버지가 이미 행
> 한 모든 죄를 행하고 그의 마음이 그의 조상 다윗의 마음과 같지
> 아니하여 그의 하나님 여호와 앞에 온전하지 못하였으나 그의
> 하나님 여호와께서 다윗을 위하여 예루살렘에서 그에게 등불을

> 주시되 그의 아들을 세워 뒤를 잇게 하사 예루살렘을 견고하게 하셨으니 이는 다윗이 헷 사람 우리아의 일 외에는 평생에 여호와 보시기에 정직하게 행하고 자기에게 명령하신 모든 일을 어기지 아니하였음이라 (왕상15:1~5)

아히야 선지자의 예언대로 솔로몬의 아들 르호보암 때 나라가 남북으로 나뉘었다. 르호보암 사후에 그의 아들 아비얌이 예루살렘에서 왕이 되어 삼 년 간 남유다 왕국을 다스렸다. 아비얌 역시 죄를 행하고 하나님 앞에 온전하지 못한 왕이었지만 하나님은 언약을 거두지 않으시고 다윗을 위해 예루살렘에서 그에게 등불을 주셨다. 하나님은 이번에도 당신의 약속을 지키신 것이다. 바로 이 하나님이 지금도 우리와 함께하시며, 우리의 아버지가 되시는 하나님이다. 그분이 신실하시기 때문에 하나님의 나라는 쇠하지 않고 지금도 이루어져 가고 있다.

남유다 왕들 중에서 여호람은 악한 왕으로 손꼽힌다. 그는 북이스라엘의 가장 악한 왕 아합의 딸과 결혼하고 아합의 길을 걸었다. 이쯤 되면 하나님께서도 약속을 거두어 들이실 법도 한데 하나님은 그러지 않으셨다. 열왕기하 8장의 말씀이 이를 증언한다.

> 이스라엘의 왕 아합의 아들 요람 제오년에 여호사밧이 유다의 왕이었을 때에 유다의 왕 여호사밧의 아들 여호람이 왕이 되니라 여호람이 왕이 될 때에 나이가 삼십이 세라 예루살렘에서 팔 년 동안 통치하니라 그가 이스라엘 왕들의 길을 가서 아합의 집

> 과 같이 하였으니 이는 아합의 딸이 그의 아내가 되었음이라 그가 여호와 보시기에 악을 행하였으나 여호와께서 그의 종 다윗을 위하여 유다 멸하기를 즐겨하지 아니하셨으니 이는 그와 그의 자손에게 항상 등불을 주겠다고 말씀하셨음이더라
>
> (왕하8:16~19)

이렇게 하나님은 이스라엘 역사 안에서 당신의 약속을 성실히 지켜오셨다. 예수님의 말씀을 듣고 있던 당시의 유대인들은 '등불을 가져오는 어떤 사람'에서 **다윗의 등불**의 심상을 바로 떠올렸을 것이다. 예수님의 등불 말씀은 하나님 나라 백성이라는 정체성을 가지고 메시아를 고대하던 그들에게 하나님이 그들을 여전히 버리지 않으셨고 **등불(메시아)을 보내 구원하신다는 복음**이었다. 지금은 한 치 앞도 보이지 않는 어둠이지만 다윗의 자손인 예수님 당신이 하나님이 들고 오신 등불임을 보게 되리라는 약속, 곧 어떠한 방해와 장벽 가운데도 결코 쇠하지 않는 하나님 나라에 대한 소망의 메시지인 것이다.

여기서 끝이 아니다. 하나님은 당신의 종을 통해 다윗에게 하신 언약을 이스라엘뿐 아니라 이방으로까지 확대시키셨다. 하나님이 가져오신 등불로 말미암아 하나님의 나라가 건재해지고 이방인에게까지도 은혜가 넘쳐 흐른 것이다. 이 또한 하나님이 선지자 이사야의 입을 통해 미리 주신 약속의 성취였다.

> 내가 붙드는 나의 종, 내 마음에 기뻐하는 자 곧 내가 택한 사람을 보라 내가 나의 영을 그에게 주었은즉 그가 이방에 정의를 베

> 풀리라 그는 외치지 아니하며 목소리를 높이지 아니하며 그 소리를 거리에 들리게 하지 아니하며 상한 갈대를 꺾지 아니하며 꺼져가는 등불을 끄지 아니하고 진실로 정의를 시행할 것이며 그는 쇠하지 아니하며 낙담하지 아니하고 세상에 정의를 세우기에 이르리니 섬들이 그 교훈을 앙망하리라 (사42:1~4)

온 열방은 꺼져가는 등불이며 다 망해버린 집이었다. 이미 망한 집은 도적이 들어가 정복해 버리면 끝이다. 죄를 지었으면 등불을 꺼 버리면 그만일 텐데 하나님은 그러지 않으시고 등불이 꺼지지 않도록 당신의 종을 보내셨다. 등불을 끄지 않는 것이 하나님이 붙드는 종, 하나님이 기뻐하시는 자, 하나님이 선택하신 자가 이방에 베푸는 정의였다. 이걸 은혜라고 한다. 이 일을 행하신 하나님의 종이 바로 예수 그리스도다. 하나님은 당신의 약속을 이루시기 위해 당신이 택하신 종을 통해 등불이 꺼지지 않게 하셨다. 그 결과 오늘 우리에게까지 그 빛이 임하여 하나님의 백성들이 탄생했고 하나님 나라가 우리 가운데 임했다. 이것이 **하나님 나라의 비밀**이고 **신비**이다.

헤아림

등불 비유를 하나님 나라의 차원에서 보아야 하는 이유는 등불 비유를 마무리하며 엄히 경고하시는 예수님의 말씀에 의해 더 명확해진다.

> 또 이르시되 너희가 무엇을 듣는가 스스로 삼가라 너희의 헤아리는 그 헤아림으로 너희가 헤아림을 받을 것이며 더 받으리니
> (눅4:24)

예수님의 때까지 이스라엘은 무엇을 듣고 있었는가? 인간이 해야 하는 일인가, 아니면 하나님이 행하셨고 행하실 일인가? 율법인가, 복음인가? 안타깝지만 이스라엘은 율법을 들었다. 인간이 해야 하는 일에 집중했던 그들은 하나님의 약속까지도 율법으로 착각했다. 약속은 하나님께서 예수 그리스도 안에서 행하신 일이다. 그들이 만약 약속을 들었다면 약속이 완성될 때까지 그 약속이 그들을 지키셨을 것이다. 그들은 이 약속을 약속으로 듣지 못했기에 하나님의 일을 헤아릴 수 없었고 어두운 현실과 암담한 자신의 처지 속에서 소망을 잃어버렸다. 그들은 하나님의 백성이었지만 하나님께 받아 가지고 있던 것까지 빼앗기고 추락했다. 예수님 당시 세리로 일하던 레위와 세리장까지 올라갔던 삭개오는 그렇게 변질된 이스라엘 백성의 전형이다.[2]

그래서 하나님의 **약속**을 듣는 것이 중요하다. 왜냐하면 '들음'은 곧 '헤아림'과 연관되어 있기 때문이다. 헤아림은 무엇인가? '헤아리다' 라고 번역된 헬라어 메트로오 μετρέω[3]는 '어림잡다, 측정하다' 라는 뜻인데, 한마디로 자신의 기준에 따라 상대방을 재어 보는 행위이다.

---

2 예수님의 제자 중 한 사람인 알패오의 아들 레위는 하나님 앞에 구별된 레위 지파의 이름이 자신의 이름이었지만 세리가 되어 세관에 앉아 있었다. '순결하고 깨끗한 자' 라는 뜻의 히브리어 [자카크] זָכַךְ 에서 유래된 이름으로 불리던 유대인 삭개오는 이름과 달리 세리장의 자리까지 올라갔었다.

3 μετρέω [mĕtrĕō] (스트롱번호 3354) 재다, 측량하다

'우리가 등불이 됩시다. 여러분, 빛을 발하십시오.' 이런 충고를 들어온 사람의 기준과, 빛으로 오신 그분이 어떤 수모와 저주를 받고 인류를 구원하셨는지를 들은 사람의 기준은 다를 수밖에 없다. 성경을 율법으로 들어 율법이 기준이 된 자는 남을 재던 그 율법으로 자신도 헤아림을 받을 것이고, 성경을 하나님 나라의 복음으로 들어 복음이 기준이 된 자는 남에게 전하던 그 복음으로 자신도 헤아림을 받을 것이다. 실로 자신이 헤아려온 대로 헤아림을 받고 더 받을 것이다.

그러므로 우리는 무엇을 듣는가 스스로 삼가야 한다. 이스라엘이 그랬듯이 약속을 율법으로 들어선 안 된다. 씨 뿌리는 자의 비유도, 등불 비유도, 내가 뭔가를 하기 위해 읽고 들을 이야기가 아니다. 우리는 우리가 율법으로 헤아리던 것들을 복음에 비춰 진지하게 돌아보아야 한다.

먼저 생각해야 할 것은 이스라엘이다. 우리는 현재 이스라엘을 어떻게 헤아리고 있는가? 복음과 약속을 들은 자라면 이스라엘을 향해 끝났다고 말할 수 없다. 전에도 계셨고 지금도 계시고 장차 오실 하나님이 영원히 다윗의 등불을 주겠다고 약속하셨음을 잊어선 안 된다. 이스라엘이 이 모양으로 넘어져 있는 동안, 등불 되신 예수님이 이 땅에 오셨다는 소식이 우리 이방인들에게 널리 전파되어 우리가 아브라함과 다윗의 혈통에 편입됐음을 기억한다면 우리는 여전히 넘어져 있는 이스라엘을 향해 손가락질 할 수 없다. 우리는 그 땅을 축복하고 그들에게 **하나님이 이미 등불을 가지고 오셨다는 복음**을 전해야 할 것이다.[4]

---

4 존 라일, 마틴 로이드 존스, 팀 켈러, 리처드 보컴, E. P. 샌더스, 스탠리 하우

기억하라! 바울은 이방 땅에 세워진 교회들에게 유대인들로 인해 그들이 받은 은혜를 상기시키며, 이스라엘에게 예수 그리스도의 복음을 전해달라고 간곡히 부탁했다. 이방인의 사도로 목숨을 다해 복음을 전한 유대인 바울의 애끓는 당부를 외면해선 안 될 것이다. 이제 그들에게 복음을 전할 사명이 우리 이방의 교회에게 있다. 그들은 신실하신 하나님이 다윗의 집에 등불을 보내셨으며, 예수님이 바로 다윗의 등불이신 그 메시아라는 복음을 들어야 한다. 하나님이 씨를 뿌리시고 예수님이 등불로 오셨으므로 이스라엘은 끝난 게 아니라는 이 복음을, 대체 우리 아닌 그 누가 그들에게 전해줄 수 있으랴!

이스라엘만 그런가? 우리 역시 마찬가지다. 요즘 들어 '한국교회는

어위스, 리처드 헤이스, 톰 라이트 등 수많은 신학자들이 이방의 교회 역시 유대인들과 다름없이 불충하게 살고 있다고 경고한다. 지금이 이방인의 때, 은혜의 때이기에 심판이 이르지 않은 것뿐이다. 유대인이 넘어져 있는 동안 은혜를 받은 이방의 교회는 이스라엘에게 빚진 마음으로 그들의 회복을 위해 간구해야 한다. 스탠리 하우어워스는 포도원 비유(마20장) 주석에서 이방의 기독교인들이 유대인에게 은혜를 받아 빚지게 된 이 이야기가 이방인인 자신들을 만들어내고 이끌어가는 복음임을 이렇게 설명한다.

"이방인 기독교인들인 우리는 이스라엘에 대한 약속의 상속자로서 나중에 고용된 자임을 기억하는 것이 특별히 중요하다. 예수님의 포도원 비유에 대해 매우 중요한 주석은 로마서 9-11장에서 이스라엘을 향한 하나님의 신실하심에 대한 바울의 이해다. 바울은 이방인 기독교인들에게 이스라엘에 대한 하나님의 약속이 계속 유효하다고 주장하기 위해 편지를 쓴다. 이스라엘은 예수님이라는 걸림돌에 걸려 넘어졌다. 그러나 그것은 구원이 이방인들에게 이르도록 하기 위해서 그런 것이었다(롬11:11~12). 따라서 나중에 고용된 자인 교회에 관한 어떤 설명도 이스라엘의 이야기, 그리고 그 이야기의 상속자인 유대인 없이는 결코 이해될 수 없다. 기독교인들은, 콘스탄틴주의에 의해 만들어진 환상 아래, 우리가 유대인에 대한 하나님의 지속적인 돌봄에 의존하고 있다는 것을 잊어버린다. 그러므로 나중에 고용된다는 것은, 예수님의 제자가 되려는 자들은 하나님의 관대하심으로 말미암아 이스라엘의 이야기가 우리의 이야기가 된다는 것을 기억해야만 한다는 의미다."
_스탠리 하우어워스,『마태복음』, pp.337~338.

끝났다' 라는 소리가 종종 들려오는데, 그럴 수 없다. 등불이 이미 오셨고 그분의 백성들이 씨로 계속 뿌려지고 있는데 누가 섣불리 끝났다고 말할 수 있단 말인가. '이번 생은 망했다'는 푸념도 매한가지다. 복음을 들었다면 그렇게 헤아리고 단정지어서는 안 된다. 하나님이 끝내시기 전에는 결코 끝난 것이 아니다. 우리나라 역시 경제는 어렵고 출산율은 바닥이며 지역간 계층간 세대간 갈등이 극심할지라도 복음으로 헤아릴 때 비로소 소망이 생긴다. 하나님은 꺼져가는 등불을 끄지 않으시고, 계속해서 신실하게 씨를 뿌리고 계시기 때문이다. 교회는 사실에 반응하지 않고 진리에 반응한다. 우리 개인도 스스로 패배감에 사로잡혀 낙심할 수 없다. 하나님은 여전히 우리를 사랑하신다. 하나님이 끝났다고 말씀하지 않으셨다면 아직 끝난 게 아니다.

이처럼 모든 것을 **복음과 하나님의 약속 안에서** 헤아리게 될 때 비로소 소망 가운데 살 수 있다. 불안했던 자라 할지라도 하나님의 신실하심으로 인해 다시 여유를 찾을 것이고, 모든 상황을 복음으로 인해 넉넉히 헤아릴 수 있을 것이다. 들을 귀 있는 자는 들을지어다!

> 있는 자는 받을 것이요 없는 자는 그 있는 것까지도 빼앗기리라 (막4:24)

예수님은 엄한 경고로 등불 비유를 마치신다. 복음이 있는 자, 약속이 있는 자, 예수 그리스도가 있는 자는 반드시 더 있게 될 것이고, 없는 자는 있는 것마저 빼앗기게 될 것이다. 톰 라이트는 이 대목을 하나님의 약속과 경고로 보는 것이 옳다고 했는데,[5] 나는 복음을 들은 사람이라면 약속에 집중할 수 있으리라고 믿는다. 그래서 유일한 대안은 복음뿐이며, 가장 시급한 건 복음을 듣는 일이다. 유대인이건 이방인이건 복음만이 해답이다.

이스라엘에게 '그 있는 것'은 무엇일까? 본래 이스라엘이 가지고 있던 것은 하나님의 양자됨과 영광과 언약들과 율법을 세우신 것과 예배와 약속들이다(롬9:4). 더 나아가 그들은 그리스도를 소유했는데 그분은 세세에 찬양을 받으실 하나님이시다(롬9:5). 이스라엘은 약속을 듣지 못하고 율법만 듣다가 하나님까지 잃어버릴 위기 앞에 지금까지도 넘어져 있지만 그건 이방인의 때가 차기까지 하나님께서 그들의 귀를 닫아 두셨기 때문이다.

이방인의 때에 은혜의 시기를 살고 있는 이방의 교회에게 '그 있는 것'은 예수 그리스도 한 분뿐이어야 마땅하겠지만 실상은 다른 것들이 많았던 것 같다. 한국교회는 코로나 바이러스가 전 세계를 휩쓴 3년의 시간 동안 참 많은 것을 잃었다. 편의주의가 잠식해 들어온 후 더 이상 교인들은 기도와 예배의 자리에 모이지 않는다. 밤낮으로 부르짖는 사람들로 붐비던 기도원의 문은 굳게 닫혔다. 교회 안에 율법주의화 되어 열심이 있던 사람들은 다 어디로 갔는지 보이지 않는다. 있는 것도 빼앗겼다. 복음과 예수 그리스도를 잃어버린 작금의 교회는 선동하지 않으면 모이지 않고 대가가 없으면 희생하지 않는다. 복음

---

5 "이 말씀은 약속인 동시에 경고다. '걱정 마라, 이 하나님 나라 메시지는 곧 온 세상에 알려질 것이다' 라는 약속. '지금 똑똑히 들어라, 너희가 알아야 하기 때문이다' 라는 경고."
_톰 라이트, 『모든 사람을 위한 마가복음』, (IVP, 2011), p.75.

보다는 충고가 많았고 협박과 선동과 기복이 많았던 까닭이다.

한편으론 오히려 잘 된 일이다. 구원받고 복도 받아 믿음의 가문 세우겠다고 달려들던 그런 열심은 잃어버려도 된다. 겸손히 인정하지 않을 수가 없다. 열심은 있었는데 복음은 없었고, 복 받을 설렘과 내가 한 만큼 채워 주시리라는 기대는 있었으나 하나님 나라의 복음과 약속을 성취하실 것에 대한 믿음은 없었다. 그 결과 전에 있던 것마저 다 **빼앗기고** 말았다. 이제 우리의 소망은 어디에 있는가?

하나님 나라의 복음

하나님은 등불을 보내셨다. 모든 사람이 볼 수 있게 하시기 위함이다. 그 빛은 감추려 해도 드러나고 숨기려 해도 나타나는 빛이다. 사도 요한은 이 빛에 대해서 이렇게 증언한다.

> 참 빛 곧 세상에 와서 각 사람에게 비추는 빛이 있었나니 그가 세상에 계셨으며 세상은 그로 말미암아 지은 바 되었으되 세상이 그를 알지 못하였고 자기 땅에 오매 자기 백성이 영접하지 아니하였으나 (요1:9~11)

빛이 왔으나 감추어졌고 숨겨졌다. 세상은 빛을 알지 못하였고 자기 백성 이스라엘은 빛을 영접하지 않았다. 그런데 그 가운데서 하나님은 **새 일**을 행하셨다.

> 영접하는 자 곧 그 이름을 믿는 자들에게는 하나님의 자녀가 되는 권세를 주셨으니 이는 혈통으로나 육정으로나 사람의 뜻으로 나지 아니하고 오직 하나님께로부터 난 자들이니라 (요1:12~13)

누구도 영접하지 않았기에 하나님의 자녀가 되는 사람이 없어야 마땅하지만 자녀가 된 자들이 존재한다. 혈통이나 육정이나 사람의 뜻으로 나지 않고 오직 하나님께로부터 난 자녀들이다. 이 자녀들이 바로 우리들이다. 교회다. 우리는 이렇게 하나님의 자녀로 거듭났다. 길가, 돌밭, 가시떨기와 같이 황폐했던 우리들에게 뿌려져 죽으신 예수 그리스도로 인해 우리는 하나님의 자녀가 되었다. 우리 스스로 노력하고 결단해서 된 일이 아니라 오직 하나님에게서 난 것이다. 그렇게 우리는 **창조**되었다.

우리는 이 복음의 **증인**이다. 증인이 할 일은 자명하다. 하나님이 행하신 일을 전하는 것이다. 믿으면 하나님의 자녀가 되니 어서 믿고 영접하라고 재촉할 일이 아니다. 그렇게 하지 않아도 하나님 나라의 비밀을 듣는 자는 엎드려 **경배**하게 될 것이다. 참으로 영접의 서약보다 경배가 먼저다. 인간의 어떠함과 상관없이 약속을 신실하게 지키신 분, 율법도 없이 그분과 전혀 상관없는 삶을 살던 이방의 우리를 당신의 나라 안으로 불러 주신 분, 그런 분이 계신다는 소식을 들으면 경외함으로 떨며 엎드려 경배할 것이다.

"주여 내 집에 들어오심을 나는 감당하지 못하겠사오니."(마8:5)

세상에 오신 빛을 알아보고 영접하는 자는 아무도 없었다. 예수님이 직접 불러 세우신 제자들도 십자가 앞에서 모두 예수님을 버리고 도망갔다. 사도 바울은 스데반의 죽음을 당연히 여기며 교회를 핍박하던 사람이다. 그랬던 그가 오직 예수 그리스도의 계시로 말미암아(갈1:16) 복음을 전했고, 그 복음에 의해 오늘날 지구 반대편 대한민국 땅에서도 하나님의 자녀가 된 우리들이 태어났다. 우리가 바로 하나님의 나라이며 그분의 백성이다.

하나님의 백성은 인간이 판단하고 영접해서 될 수 있는 것이 아니다. 자녀의 태어남에 빗대어 보면 이를 쉽게 이해할 수 있다. 우리 집 사남매(하연 다연 도연 의연)는 그들이 판단하고 수락해서 나의 자녀가 되어 준 것이 아니다. 우리가 하나님께로부터 났듯이 이 아이들은 나와 나의 아내로부터 났다. 영접하는 자 하나 없던 척박한 지구에는 그렇게 하나님으로부터 난 자들이 지금도 존재한다. 하나님께 불가능은 없다.

신구약 성경은 바로 이 **하나님 나라 복음**을 이야기하고 있다. 등불로 오신 예수님이 십자가에서 저주를 받아 죽어버리셨어도 등불은 꺼지지 않았다. 하나님은 약속을 취소하지 않으시고 예수님을 일으키셨다. 인간 측에서 보면 예수님을 죽였는데 그 결과 구원을 받게 된 위대한 역설이다. 하나님이 이렇게까지 하셨다면 더 이상 불가능한 일은 있을 수 없다. 하나님의 나라는 반드시 완성될 것이다.

교회 안에 하나님의 약속과 예수 그리스도 안에서 이루어진 일과 앞으로 다시 오셔서 그 나라를 완성하실 복음이 더욱 들리기를 바란다. 하나님이 뿌리신 씨, 하나님이 들고 오신 등불이신 예수 그리스도의 이야기가 더 많이 들리기를 바란다. 그리고 들은 자들이 이제는 그 복음을 증거할 수 있기를 바란다. 쉽게 변하지 않는 자신의 모습에 좌절하지 않고, 마음대로 되지 않는 자식들과 언제 사고가 터질지 모르는 조마조마한 죽음 같은 현실 앞에서도 하나님이 보내신 등불의 빛을 보게 되기를 바란다.

또한 예수님 시대 이후 이천 년이 지나도 여전히 변하지 않는 저 유대인들을 하나님께 버림받은 자들이라고 헤아리지 않기를 바란다. 우리의 헤아림으로 우리가 헤아림을 받고 더 받는다는 주님의 경고를 기억하자. 유대인들이 버림받았다면 우리는 더 받을 것이다. 하나님은 열방에 당신을 **이스라엘의 하나님**으로 소개하셨다.[6] 이스라엘은 하나님의 나라다. 다윗이 간음과 살인을 저지르고, 솔로몬이 망나니 짓을 하고, 아비얌이 나라를 말아먹고, 여호람은 아합의 딸과 결혼하고, 북이스라엘은 앗수르에 망하고 유다는 바벨론에 망하고, 자신들을 구원하기 위해 오신 메시아를 십자가에 매달아 죽이고, 결국 열방으로 흩어지고 말았지만 하나님은 꺼져가는 등불을 끄지 않으시는 분이며 당신의 나라의 등불을 가져오시는 분이다.

---

[6] 하나님께서 열방에 당신을 이스라엘의 하나님으로 계시하셨기에 우리에게 하나님은 '**이스라엘의 하나님**'으로 알려졌다는, 일견 당연한 듯하지만 깊은 울림을 주는 이 아름다운 표현은 비벌리 로버츠 가벤타에게 빚진 것이다. 이스라엘이 하나님을 소유한 것이 아니라 하나님이 이스라엘을 소유하셨기에, 이 '**하나님의 이스라엘**'을 향한 교회의 질문은 사실 **하나님**에 대한 질문이다.
"우리가 로마서에서 계속해서 목격하는 것은, 유대인과 이방인이 하나님 앞에서 서로 다른 역사를 갖고 있음에도 불구하고, 그들 모두가 죄와 죽음의 권세들에 종속되었다는 점입니다. 이방인(즉, 우리 시대 그리스도인)의 오만함은, 우리가 공유하는 죄 그리고 이스라엘과 함께하신 하나님의 역사 모두를 욕되게 하는 것입니다. 롬11:18에서 바울은 분명하게 이야기합니다. '그 가지들을 향하여 우쭐대지 마세요.'"
_비벌리 로버츠 가벤타, 『로마서에 가면』, (학영, 2016), p.143.

바로 이 분, 이스라엘의 하나님의 신실하심으로 인해 우리 역시 그 분의 약속 안에서 평안을 누린다. **이스라엘을 버리지 않으시는 하나님이 우리에게도 동일하게 신실하시기에** 우리는 우리의 어떠함과 상관없이 또 한 번 살아볼 용기를 낼 수 있는 것이다. 뿐만 아니라 이제는 복음을 들었기에 자신과 이웃, 지역사회와 민족까지도 같은 넉넉함으로 헤아리며, 들은 복음을 증거하는 자로 살아갈 수 있다. 타이타닉호가 침몰할 때 끝까지 자기 자리를 지키며 찬송가를 연주한 음악가들로 인해 절망 속의 사람들이 마지막까지 찬양 소리를 들었듯이, 마치 이 세상 사람들이 아닌 것처럼 하나님 나라의 법에 따라 하나님의 신실하심을 믿으며 살아가는 교회들로 인해 세상은 절망 속에서도 빛을 보고 하나님 나라의 복음을 듣게 될 것이다.

교회들이여!
이 복음을 듣고, 증거하라!

4. 자고 깨고 하는 중에

²⁶또 이르시되 하나님의 나라는 사람이 씨를 땅에 뿌림과 같으니 ²⁷그가 밤낮 자고 깨고 하는 중에 씨가 나서 자라되 어떻게 그리 되는지를 알지 못하느니라 ²⁸땅이 스스로 열매를 맺되 처음에는 싹이요 다음에는 이삭이요 그 다음에는 이삭에 충실한 곡식이라 ²⁹열매가 익으면 곧 낫을 대나니 이는 추수 때가 이르렀음이라 ³⁰또 이르시되 우리가 하나님의 나라를 어떻게 비교하며 또 무슨 비유로 나타낼까 ³¹겨자씨 한 알과 같으니 땅에 심길 때에는 땅 위의 모든 씨보다 작은 것이로되 ³²심긴 후에는 자라서 모든 풀보다 커지며 큰 가지를 내나니 공중의 새들이 그 그늘에 깃들일 만큼 되느니라

마가복음 4:26~32

우종영의 책 『나는 나무에게서 인생을 배웠다』에는 당나라 사람 곽탁타의 일화가 소개되어 있다. 특이한 그의 이름은 곱사병으로 굽은 허리가 낙타를 닮았다 하여 붙여진 것이란다. 초라한 외모와 달리 그는 나무를 잘 기르기로 정평이 난 지혜로운 사람이었다. 그의 나무 키우기 비결은 간단했는데 바로 뿌리를 넓게 펼칠 수 있는 평평한 땅에 나무를 심고 난 뒤에는 걱정하지 않고 버린 듯 놔두는 것이다. 다시 돌아보지도 건드리지도 말아야 한다. 사람이 사랑이 지나치고 근심이 심해서 아침 저녁으로 와서 나무를 만져 보고 흔들어 보고 흙이 잘 다져졌나 뿌리가 잘 내렸나 매번 확인한다면 그 나무는 자신의 본성을 잃어 자라나지 못하게 된다.[1]

곽탁타의 지혜는 인간이 해야 하는 일의 한계를 깨달은 데 있다. 사람이 할 일은 거기까지다. 인간에게는 나무를 자라게 할 힘이 없다.

---

[1] 우종영, 『나는 나무에게서 인생을 배웠다』, (메이븐, 2019)

오히려 사람의 손이 가면 갈수록 나무는 망가질 뿐이다. 오늘날에도 나무를 길러내는 원리는 곽탁타의 그것과 다르지 않다고 한다. 나무는 자신의 생명력으로 자란다. 인간은 미련을 버리고 손을 떼야 한다.

나무가 자라는 데도 인간의 노력과 애씀이 나무의 생장에 방해가 되는데, 하물며 하나님 나라는 어떠하겠는가. 예수님은 자라나는 씨 비유와 겨자씨 비유에서 이 말씀을 하고 계신다.

자라나는 씨

> 또 이르시되 하나님의 나라는 사람이 씨를 땅에 뿌림과 같으니 그가 밤낮 자고 깨고 하는 중에 씨가 나서 자라되 어떻게 그리 되는지를 알지 못하느니라 (막4:26~27)

우리말 '뿌림' 이라고 번역한 헬라어 발로 βάλλω[2] 는 '아무렇게나 던지다' 라는 뜻이다. 아무렇게나 씨를 던지는 그것이 하나님 나라와 같다니, 이 무슨 말인가? 이 비유는 동떨어진 이야기가 아니다. 예수님은 마가복음 4장에 기록된 여러 비유들을 한 자리에서 가르치셨다. 첫 단추는 씨 뿌리는 자의 비유, 곧 황폐한 땅을 기경하시는 농부 하나님의 의지와 떨어지신 씨 예수님에 대한 비유였다. 두 번째 등불 비유 역시 빛이신 예수님과 등불을 가져오시는 하나님에 대한 이야기였다. 이

---

2 βάλλω [ballō] (스트롱번호 906) 씨를 뿌리다, 내던지다, 떨어지다; 두다; 폭풍이 몰아치다

맥락에서 읽으면 사람이 아무렇게나 씨를 땅에 뿌리는 세 번째 비유 역시 인간의 어떠함과 상관없이 하나님과 예수님에 의해 이루어지는 하나님 나라 이야기임을 알 수 있다. 하나님의 나라는 사람이 공을 들이고 정성을 들여 세워지는 그런 나라가 아니다. 씨를 아무렇게나 던져도 발로 하나님의 나라는 세워진다.

오해하지는 말자. 어거지로 마구 던지라는 말씀이 아니다. 우리는 정직할 필요가 있다. 아무리 집중하고 훈련해서 던진다고 해도 우리에게는 과녁을 명중할 능력이 없다. 아무리 스트라이크를 치고 싶어도 우리가 던진 볼링공은 거터[3]로 빠지기 일쑤다. 하나님의 나라를 이루어가는 데 있어서 인간의 정교함과 공교함이 무슨 도움이 되겠는가? 그러나 놀랍게도 사람이 서툰 솜씨로 땅에 던진 씨앗은 그가 알지 못하는 사이에 자라난다. 이것이 하나님 나라의 비밀(신비)이다. 자조적인 이야기가 아니라 우리의 서툰 솜씨를 자책하지 않아도 되는 자유의 메시지이다. 하나님의 나라는 인간의 어떠함으로 만들어지는 나라가 아니다. 사람에게는 원인이 없다. 씨가 나서 자라는 원인은 하나님의 역사, 씨 곧 말씀의 영향력이다. **씨가 비밀과 능력의 원천**이다.

씨를 뿌린다는 말은 '말씀을 전한다' 라든지 '복음을 전한다' 라는 말로 바꾸어 표현할 수 있다. 구약의 선지자들은 하나같이 하나님의 말씀을 전했지만 백성들의 눈과 귀는 가려져 있었기에 그 말씀을 받는 자가 없었다. 예수님의 제자들도 마찬가지였다. 생명과 빛 되신 예수님께서 직접 가르치신 그들도 십자가 앞에서 다 배신하고 뿔뿔이 흩어지지 않았던가. 그렇게 될 걸 다 아시면서도 예수님은 보내신 분께

---

3 거터(gutter): 볼링 레인 양 옆의 도랑

순복하여 말씀을 전하고 가르치셨다. 우리의 말씀 전함도 우리가 사람을 변화시키고 영향력을 발휘하기 위함이 아니다. 우리 또한 듣든지 아니 듣든지, 서툰 손으로 그저 씨를 뿌릴_{발로} 뿐이다.

이렇게 뿌려진 씨는 사람이 밤낮 자고 깨고 하는 중에 자라나는데 사람은 어떻게 그리 되는지 알지 못한다. 내가 뿌리긴 했지만 그저 자라남이 신기할 따름이다. 뿌리기도 아무렇게나 뿌렸고, 자라는 것도 내가 자고 깨는 사이에 씨가 자라난 것이니, 이 사람은 내가 한 일은 아무것도 아니라고 고백해야 마땅하다. 이것이 하나님 나라의 비밀이다. 아무것도 모르기에 자신이 한 일이라고 주장할 수도 없고, 하나님 나라의 비법을 터득했다고 거들먹거릴 수도 없다. 만약 누군가가 '여기에만 길이 있습니다. 속히 이리로 오시오.' 라고 초청하며 가르친다면(이단들의 가르침이 거의 이런 식이다) 그건 예수님과는 다른 가르침이다. 분별하시라.

우리는 모른다. 내 손으로 씨를 뿌렸다 해도 어떻게 이런 결과가 나오는지는 알 수가 없다. 그러므로 자랑할 것도 가르칠 것도 없이 그저 감격하고 놀라고 즐거워할 뿐이다. 이것이 하나님 나라 백성들의 특징이다. 자신의 한계를 인정하고 겸손하게 그분의 손에 자신을 맡기는 이 백성들에게 잠이란 그 누구도 속일 수 없는 하나님을 신뢰하는 행위이며 동시에 나는 연약한 존재임을 인정하고 증명하는 행위이다. 자녀는 잘 때 자라는 법이다. 잘 자는 사람이 본인도 성숙해지고 하나님의 나라도 자라게 한다. 잠이 필요 없는 존재는 하나님 한 분뿐이다(시121:4). 내 손으로 어떻게든 해보겠다고 잠도 안 자고 눈이 빨개져서 달려들지 말고, 내 힘으로 어찌할 수 없는 일을 고민하느라 밤새 고민

하지도 말자. 우리는 하나님이 아니다.

하나님 나라는 사람이 씨를 땅에 뿌림과 같다. 사람이 할 일은 거기까지다. 사람의 손이 가면 갈수록 망가진다. 이것을 아는 그리스도인은 하나님을 신뢰함으로 자고 깨며 반드시 하나님의 나라가 온다는 믿음으로 산다. 무책임하게 나태한 삶을 살라는 말이 아니라 우리의 삶 가운데 우리의 어떠함으로 선하고 좋은 열매를 맺을 수 없음을 인정하자는 말이다. 우리는 열심히 씨를 뿌리고 열심히 자고 깨면 된다. 자유하시라.

> 땅이 스스로 열매를 맺되 처음에는 싹이요 다음에는 이삭이요 그 다음에는 이삭에 충실한 곡식이라 열매가 익으면 곧 낫을 대나니 이는 추수 때가 이르렀음이라 (막4:28~29)

땅은 스스로 열매를 맺는다. '스스로'라고 번역한 헬라어 아우토마토스 αὐτόματος[4]는 영어 automatic의 어원이 된 말로 '자동으로, 자연스럽게', 더 나아가 '타인의 선동이나 간섭 없이 자동으로'라는 뜻이다. 땅이 스스로 열매를 맺는다는 말은 하나님의 나라가 누군가의 선동이나 간섭이 없어도 반드시 자라나 결실한다는 뜻이다. 이것이 하나님 나라의 법칙이다. 하나님의 나라는 혁명가들이 세우는 것도 아니고 율법학자들이 날과 시를 계산해서 오는 것도 아니며 바리새인들이 율법을 지키고 순종해서 완성하는 것도 아니다. 하나님 나라는 사람이 무심하게 씨를 뿌렸어도 땅이 열매를 맺고야 마는 그런 것이다.

---

4 αὐτόματος〔autŏmatŏs〕 (스트롱번호 844) 자동적으로, 저절로

사람에게는 원인이 없다. 뿌려진 씨에 생명이 가득하기에 땅 속에서 자동으로 자라나 열매를 맺을 수밖에 없다. 이것이 하나님 나라의 비밀이며 신비이다.

그렇게 스스로 열매가 맺혀 익으면 추수 때가 되었기에 낫을 대어야 한다. 예수 그리스도가 씨가 되어 땅에 뿌려졌으니 추수의 때는 반드시 온다. 아무리 황폐한 땅일지라도 하나님은 그 땅에 씨를 뿌리시고 그 땅에서 열매를 거두실 것이다. 예수님은 씨 뿌리는 자의 비유부터 지금까지 일관되게 인간의 어떠함과 상관없이 하나님의 열심과 성실하심으로 당신의 나라를 이뤄가신다는 하나님 나라의 비밀을 말씀하신다. 온 인류가 길가, 돌밭, 가시떨기라 할지라도 하나님은 당신의 나라를 이루실 것이다. 모두 눈이 멀어 빛을 보지 못하여 등불을 무시한다 해도 하나님은 그 등불을 반드시 드러내고 나타내실 것이다. **포기하지 아니하시는 이 하나님에 대한 소식이 바로 '복음'이다.** 전능하신 그분이 쉬지 않으신다는 소식, 그분이 졸지도 주무시지도 않고 당신의 나라를 위해 계속 일하신다는, 듣던 중 정말 반갑고 **좋은 소식**이다.

인간의 서툰 손으로 뿌린 씨 안에서 하나님은 당신의 나라를 이뤄가신다. 사람들이 잠을 자고 깨는 동안 하나님은 졸지도 주무시지도 않고 당신의 나라를 위해 여전히 일하신다. 추수 때에 당신의 곳간에 거둬들이겠다고 말씀하신 하나님은 팀의 전력에 방해만 되는 깍두기 같은 당신의 백성들의 능력이나 수준과 상관없이 당신의 일을 스스로 이루시기에, 그분을 신뢰하는 우리는 그분의 나라를 고대하며 잠

을 잘 수 있는 것이다.[5]

성경은 처음과 끝을 명확하게 이야기하고 있다. 처음은 씨가 뿌려지는 것이고 끝은 추수날이다. 그 사이에는 무슨 일이 일어나는가? 우리는 알지 못한다. 그저 인간은 씨를 뿌리고 자고 깨며 기다릴 뿐이다. 그렇게 시간이 흐를 때 세상은 늙었다 하지만 그리스도인은 하나님 안에서 **자라났다**고 말한다. 성도들의 인생은 계시된 처음과 끝 사이에 위치하고 있다. 이단들은 이 가운데 시간을 쥐고 흔들며 자신들의 말을 들어야 알곡이 되어 안전한 곳간에 들어갈 수 있다고 호들갑을 떨지만 하나님은 사랑하시는 자에게 잠을 주실 뿐이다. 처음과 끝, 알파와 오메가이신 예수 그리스도께서 우리 안에 들어와 사시며 우리로 하여금 일상의 하루하루를 잘 자고 잘 깨게끔 하신다. 그리스도인의 신앙생활은 이런 것이다.

겨자씨 한 알

이 견지에서 다시 해석해야 할 비유가 한 가지 더 있다. 예수님이 연이어 가르치신, 소위 겨자씨 비유이다.

> 또 이르시되 우리가 하나님의 나라를 어떻게 비교하며 또 무슨

---

5 강하신 하나님의 팀에 깍두기로 부름받아 함께 일하는 기쁨을 누리는 하나님의 자녀들의 이야기는 저자의 다른 책 『하나님의 섭리, 에스더』 (인오, 2023)의 「에스더서 7장 – 이 말이 왕의 입에서 나오매 무리가 하만의 얼굴을 싸더라」 참조. (편집자 註)

> 비유로 나타낼까 겨자씨 한 알과 같으니 땅에 심길 때에는 땅 위의 모든 씨보다 작은 것이로되 심긴 후에는 자라서 모든 풀보다 커지며 큰 가지를 내나니 공중의 새들이 그 그늘에 깃들일 만큼 되느니라 (막4:30~32)

이 비유 역시 큰 도전과 권면의 메시지로 해석되어 온 이야기다. 그러나 지금까지 예수님의 비유의 문맥에서 본다면 하나님께서 당신의 나라를 세우시는 데 있어서 환경이나 사람들의 어떠함과 상관없이 반드시 이루시는 하나님의 의지에 대한 내용으로 보는 편이 더 적합하지 않을까 싶다. 다시 말해서 하나님의 나라는 씨의 크기와 상관이 없다는 말이다. 세상에서 가장 작고 하찮아 보이는 겨자씨라 할지라도 땅에 심기기만 하면 자라날 것이다. 사람이 자라게 하는 것이 아니라 하나님의 신비로, 친히 하나님께서 자라게 하신다. 아무리 작은 씨라 할지라도 심기기만 하면 공중의 새들도 깃들 정도로 큰 가지가 만들어질 것이니 현재의 크기 때문에 너무 염려하지 말라는 말씀이다.

그리고 보면 예수님은 로마 제국의 심장에서 멋지게 사역하지 않으시고 이스라엘 땅에서도 홀대를 받던 갈릴리 변방에서, 배움도 지위도 변변치 않은 소수의 제자들만 가르치셨다. 참으로 겨자씨 한 알을 땅에 심으셨다. 그렇게 심긴 하나님 나라가 자라나서 오늘 우리까지 그 가지에 깃들이고 있다. 수많은 사람들이 자고 깨고를 수없이 반복해온 이천 년 동안 하나님 나라가 이렇게나 자라났으니 정말 놀랍지 아니한가!

이것이 기독교이다. 하나님의 나라가 이뤄지는 데 있어서 인간은 하찮은 편이 낫다. 중요한 건 그저 하나님께서 행하실 일을 믿고 자고 깨면서 그 시간들을 견뎌내는 것이다. 하나님의 은혜를 받은 사람은 작으면 안 되고 하찮으면 안 된다고 생각하는 신자들과 설교자들이 많은 현실이 안타까울 따름이다. 겨자씨 비유는 **하나님 나라의 비유**이다. 하나님은 그 작은 씨를 자라게 하셔서 처음 모습과는 다른 엄청난 결과를 만들어 내신다. 크고 멋진 씨가 필요한 게 아니다. 겨자씨 한 알이면 충분하다. 작으면 작을수록, 하찮으면 하찮을수록 더 극적인 대비를 이루기 마련이니 현재 작고 초라한 자기 모습을 바꾸기 위해 애쓰고 괴로워할 필요가 없다. 어느 씨보다도 작은 겨자씨를 심으신 하나님은 그로부터 굳은 땅을 뚫고 올라오게 하신다. 머지않은 장래에 거대한 지구를 뒤덮는 하나님의 나라를 완성하실 것이다.

예수님이 바로 하나님이 이 땅에 뿌리신 겨자씨 한 알이다. 그분이 땅에 떨어져 묻히셨다. 겨자씨에 비해 이 땅은 얼마나 큰지! 모든 어둠이, 모든 죄인들이 예수님을 삼켜 버렸으나 하나님은 죽음과 어둠과 죄악을 뚫고 보란듯이 예수님을 올라오게 하셨다. 어느 누구 하나 이 땅에 오신 그분을 거들떠보지 않았지만 지금은 지구 반대편의 우리까지도 그분의 발 앞에 엎드려 경배하고 있지 않은가, 할렐루야! 이 일을 이루신 분이 누구인가? 하나님이 예수님을 부활하게 하셨고 이로써 우리를 의롭다 하셨다(롬4:25). 인간의 결단이나 인간의 믿음의 결과가 아니다. 전적인 하나님의 은혜와 그분의 열심의 결과이다.

구약성경에는 일을 성취하시는 하나님의 열심이 곳곳에 기록되어 있다. 에스겔서 말씀을 확인해 보자.

> 주 여호와께서 이같이 말씀하시되 내가 백향목 꼭대기에서 높은 가지를 꺾어다가 심으리라 내가 그 높은 새 가지 끝에서 연한 가지를 꺾어 높고 우뚝 솟은 산에 심되 이스라엘 높은 산에 심으리니 그 가지가 무성하고 열매를 맺어서 아름다운 백향목이 될 것이요 각종 새가 그 아래에 깃들이며 그 가지 그늘에 살리라 들의 모든 나무가 나 여호와는 높은 나무를 낮추고 낮은 나무를 높이며 푸른 나무를 말리고 마른 나무를 무성하게 하는 줄 알리라 나 여호와는 말하고 이루느니라 하라 (겔17:22~24)

"내가 이룬다. 내가 그렇게 할 것이다."

이렇게 당당하게 선포하시고는 당신의 독생자를 하찮아 보이는 모습으로 땅에 떨어뜨려 심으셨다. 그리고 저주받은 십자가에 매달아 죽이시고는 보란듯이 모든 죄와 어둠을 뚫고 일으켜 부활의 첫 열매가 되게 하셨다. 하나님은 그렇게 하나님의 나라가 이 땅에서 시작되게 하신 것이다.

희어진 들판

예수님은 이미 추수 때가 되었다고 선언하셨다. 인간의 눈으로는 볼 수 없는 희어진 들판을 보셨다. 당신이 씨로 뿌려지셨기 때문이다. 씨가 심겼으므로 추수는 자명한 결과다. 그분을 신뢰한다면 그분의 말씀에 순복하여 추수하러 나가야 마땅한데 인간들은 믿지 않는다. 요한은 추수를 위해 굳이 사마리아를 통과하시는 예수님과 그런 그분을 이해하지 못했던 제자들의 반응을 기록해 두었다.

> 유대를 떠나사 다시 갈릴리로 가실새 사마리아를 통과하여야 하겠는지라 사마리아에 있는 수가라 하는 동네에 이르시니 야곱이 그 아들 요셉에게 준 땅이 가깝고 거기 또 야곱의 우물이 있더라 예수께서 길 가시다가 피곤하여 우물 곁에 그대로 앉으시니 때가 여섯 시쯤 되었더라 사마리아 여자 한 사람이 물을 길으러 왔으매 예수께서 물을 좀 달라 하시니 이는 제자들이 먹을 것을 사러 그 동네에 들어갔음이러라 사마리아 여자가 이르되 당신은 유대인으로서 어찌하여 사마리아 여자인 나에게 물을 달라 하나이까 하니 이는 유대인이 사마리아인과 상종하지 아니함이러라 (요4:3~9)

사마리아는 여로보암의 죄를 떠나지 않았던 북이스라엘 왕국이 앗수르에게 멸망당한 후(B.C.721) 앗수르의 민족 혼합 정책에 의해 이방 민족들과 섞여버린 소망 없는 저주의 땅이었다. 그때로부터 칠백여 년이 지난 예수님 당시에도 사마리아인은 여전히 기피와 조롱의 대상이었기에 유대인들은 혐오스러운 그 땅을 피해 먼 길로 돌아서 다녔다. 그러나 그 땅에도 하나님의 나라는 임해야 했다. 그래서 예수님이 그 땅을 통과하신 것이다.

우리가 알다시피 사마리아 여인은 예수님을 메시아로 만났다. 그녀가 물동이를 버려두고 동네로 달려가 그리스도를 전하는 동안, 먹을 것을 사러 갔던 제자들은 예수님께로 돌아와 피곤하신 그분께 음식을 드렸다. 그러나 예수님은 음식을 받는 대신 "내게는 너희가 알지 못하는 먹을 양식이 있다" 라고 말씀하신다(요4:32). 예수님이 말씀하신 양식은 무엇인가? 누가 잡수실 것을 가져다 드렸는가?

> 예수께서 이르시되 나의 양식은 나를 보내신 이의 뜻을 행하며 그의 일을 온전히 이루는 이것이니라 너희는 넉 달이 지나야 추수할 때가 이르겠다 하지 아니하느냐 그러나 나는 너희에게 이르노니 너희 눈을 들어 밭을 보라 희어져 추수하게 되었도다
> (요4:34~35)

예수님의 관점과 제자들의 관점이 전혀 다르다. 제자들의 눈에는 추수 때까지 넉 달이 남았지만 예수님은 지금이 추수 때라고 선언하셨다. 평소 제자들을 둘씩 보내시던 예수님이 이날만큼은 한 사람도 곁에 남기지 않고 모두 심부름을 보내셨는데 이는 사마리아 여인과 독대하시기 위함이었다. 주님은 그렇게 그 여인을 예배자로 바꾸셨다. 저주받은 땅 사마리아에 하나님 나라가 임할 것이라고 아무도 상상하지 못했지만 예수님은 그곳에서 싹을 틔워 열매를 얻으셨다. 예수님은 당신을 보내신 이의 뜻을 행하셨다. 곧 하나님이 예수님께 주신 자를 잃어버리지 않는 것 말이다(요6:39).

예수님이 씨로 던져 뿌려지셨으므로_{발로} 추수는 필연이다. 이미 밭이 희어져 추수하게 되었고 우리에게는 은혜가 임했다. 어떤 은혜인

가?

> 거두는 자가 이미 삯도 받고 영생에 이르는 열매를 모으나니 이는 뿌리는 자와 거두는 자가 함께 즐거워하게 하려 함이라 그런즉 한 사람이 심고 다른 사람이 거둔다 하는 말이 옳도다 내가 너희로 노력하지 아니한 것을 거두러 보내었노니 다른 사람들은 노력하였고 너희는 그들이 노력한 것에 참여하였느니라
> (요4:36~38)

사마리아 여인이 하나님을 예배하는 자가 되었기에 예수님은 이미 추수를 마치셨고, 그래서 이미 배부르고 기쁘셨다. 부름받은 제자들은 주님과 함께 있으면서 수확의 즐거움에 참여하는 은혜를 받은 것이다. 이것이 주님의 은혜이건만, 가려진 그들의 눈에 사마리아는 여전히 불결하고 소망이 없는 땅이었다. 성경은 이날 제자들이 어떻게 반응했는지 전해주지 않는다. 어쩌면 그들은 사마리아에서 무슨 선한 것이 나올 수 있겠냐며 예수님을 가르치고 싶은 걸 꾹 참았는지도 모르겠다. 훗날 성령님이 임하시고 나서야 제자들이 사마리아 땅에 복음을 증거하게 되었으니(행8:4~25) 참으로 모든 일을 이루시는 분은 하나님 한 분뿐이시다.

우리는 이제 어떻게 해야 하는가? 그분이 하신 일과 그분의 약속을 믿지 못한다면 그저 현재의 복락과 내세의 구원만을 위해 종교적 열심으로 신앙생활 하겠지만 그분을 신뢰한다면 이제 추수를 하러 나갈 수 있을 것이다. 서툰 손과 작은 씨를 부끄러워하지 않고 듣든지 아니

든든지 부지런히 뿌리고, 하나님을 믿음으로 평안히 자고 깨며 마침내 그분이 완성하실 그분의 나라를 소망하며 기다릴 수 있을 것이다.

"너희 눈을 들어 밭을 보라. 희어져 추수하게 되었도다."

저주받고 버림받은 땅 사마리아에도 하나님의 나라는 임했고 이미 희어져 추수하게 되었다. 현실은 저주받은 땅 사마리아에서 남편 여섯을 거쳐온 망한 인생이지만, 주님은 추수할 때가 되었으니 거두자고 말씀하셨다. 지금 우리 눈에 보이는 어떤 나라, 어떤 땅, 그 어떤 사람도 끝났다고 판단할 수 없는 이유다. 그리스도인은 눈에 보이는 모습만으로 판단할 수 없다.

소망의 이유

예수님 당시 유대인들이 사마리아인들을 향해 저주받은 백성이라 손가락질 하며 상종하지 않았던 모습과 오늘날 열방의 교회가 이스라엘 민족을 판단하는 모습이 오버랩 된다. 우리가 사마리아 땅을 찾아가셨던 예수님의 제자들이라면 그래선 안 될 것이다. 이스라엘은 열방과 한 성령 안에서 하나 되어 함께 하나님을 찬양하러 나가야 할 우리의 형제들이다. 아버지 하나님께서 맏이인 그들을 모른 척 하실 리 만무하다. 그날에는 이스라엘과 열방이 함께 그분의 열매로 그분의 손에 들려 있을 것이다. 기대하자. 우리의 노력이 아닌 하나님의 신비한 능력의 결과로 반드시 이루어질 일이기 때문이다.

이스라엘만 그런가? 이해할 수 없는 사춘기 자녀들도, 바뀔 가망이라곤 전혀 보이지 않는 우리의 배우자도, 복음은 커녕 먹을 것도 없는 북한땅도, 소망이 없다고 섣불리 판단하지 말자. 어떤 사람도, 어떤 나라도, 예수님이 끝났다고 하시기 전에는 끝나지 않았다. 우리는 그 예수님을 믿고 씨를 뿌리고 자고 깨면 그만이다. 하나님의 나라는 우리의 어떠함과 상관없이 무심히 뿌려진 씨 안에서도 자라나기 때문이다.

씨앗은 땅에 떨어져 묻히고 잠든다. 그러나 반드시 깰 날이 온다. 예수님을 일으키신 하나님께서 반드시 싹을 틔우고 열매를 거두실 것이다. 농부이신 당신의 손으로 보란듯이 삼십 배 육십 배 백 배로 결실하게 하실 것이다. 우리 역시 잠들지만 반드시 깰 날이 있을 것이다. 하나님이 이 일을 이루셨고 또 이루실 것이므로 그분의 자녀들은 아버지를 믿음으로 오늘 밤도 내일 밤도, 우리 생의 마지막 날이 온다 할지라도 평안히 잠들 수 있다. 자유하시라.

그러므로 우리의 시급한 과제는 사람들이 듣든지 아니 듣든지 이 복음을 전하는 것이다. 우리의 손은 서투르고 우리 손에 들린 씨는 하찮아 보이더라도 지금의 작음과 적음, 그리고 지금의 반응과 상황은 그리 중요한 게 아니다. 이 작은 시작은 하나님이 완성하실 나라의 시작이다. 유대 변방 갈릴리 예수님의 사역이 오늘 우리에게까지 미친 영향을 기억한다면 어느 것도 하찮게 여길 수 없다.

하나님께서 우리 가정에 주신 넷째 의연은 생후 207일이 될 때까지 자기 이름에 반응하지 않았다. 아빠와 엄마, 두 누나와 형이 매일 수십

번 수백 번씩 이름을 불러 주었는데도 알아듣지 못했다. 그러나 208일이 되던 날, '의연아'라고 부르는 아빠의 목소리를 알아듣고, 장난감을 흔들던 손을 멈추고 몸을 돌려 아빠를 바라보았다.

복음도 이런 것이지 싶다. 듣든지 아니 듣든지 전하다 보면 귀가 열리고 눈이 열리는 순간이 오게 될 것이다. 지금 복음을 알아듣지 못하는 사람이 있다 해도 눈에 보이는 대로 섣불리 판단해선 안 되는 이유이다. 예루살렘에도 유대에도 사마리아에도 땅끝까지도 복음의 씨를 뿌려야 한다. 하나님의 나라는 반드시 자란다. 때가 되면 돌아보게 될 것이다. 208일이 차야 한다. 우리 눈에 소망이 없어 보이는 땅, 진절머리 나는 사람일지라도 우리는 그냥 씨를 뿌리고 평안히 자면 된다.

하나님이 말씀하셨다. 그분이 반드시 이루실 것이다. 그리스도인은 이 하나님을 믿는 사람들이다. 예수 그리스도는 흠모할 것 없는 외양 안에 넘치는 하나님의 생명을 품은 겨자씨였다. 하찮게만 보였던 생명의 씨앗, 예수 그리스도께서 이루신 일을 찬양하자! 추수는 우리의 생각과 달리 이미 시작되었고 순식간에 닥칠 것이다. 하나님께서 말씀하셨으니 반드시 그분이 이루시리라.

처음과 끝은 분명하다. 처음은 씨를 뿌리는 것이고 끝은 추수다. 그 사이는 사람이 자고 깨는 나날로 채워져 있다. 우리가 잔 날 만큼, 우리의 시간이 흐른 만큼 하나님의 나라는 성장한다. 머지않아 완성될 그날을 고대하며 오늘도 죽음 같은 잠을 기꺼이 청하며 또 하루를 시작할 수 있는 이유이다. 매일 죽고 매일 부활하는 것이 신자의 삶이다. 지난날에 대한 후회도, 다가올 날에 대한 걱정도 주님께 맡기고 잠을 자는 것 말이다. 큰일이라도 날 것 같이 호들갑 떨며 우는 자녀를 부모가 품에 안고 부드럽게 토닥여 재우듯이 하나님께서는 오늘 우리를 당신의 침대로 부르신다.

하나님은 겨자씨 같은 작고 하찮은 씨앗을 가지고도 땅을 뚫고 올라오게 하신다. 그렇기에 그리스도인은 지금 자신의 몸집을 키우는 게 아니라 먼저 땅에 뿌려 떨어져 심기는 일에 사활을 걸어야 한다. 자기 사업과 자기 자식이 커져 가기를 바라며 무릎 꿇는 일을 멈추어야 한다. 목회자의 비전 아래 예배당 건물만 커져가는 게 웬 말인가? 성도는 자기 욕심을 채우려고 하나님을 이용할 수 없다. 산모가 아이를 낳을 생각은 하지 않고 배만 계속 키운다면 산모도 아이도 죽고 말 것이다. 땅에 떨어져 죽은 씨에 영광이 있다. 생명을 품었다면 출산이라는 죽음의 과정을 거쳐야 한다.

하나님의 나라는 사람이 땅에 씨를 아무렇게나 뿌림과 같고 거대한 땅에 떨어진 한 알의 겨자씨와 같다. 처음과 끝을 알고 있는 그리스도인들은 보란듯이 자고 깬다.

그러니 부디 오늘도 잘 주무시기를!

5. 우리가 건너가자

³⁵그 날 저물 때에 제자들에게 이르시되 우리가 저편으로 건너가자 하시니 ³⁶그들이 무리를 떠나 예수를 배에 계신 그대로 모시고 가매 다른 배들도 함께 하더니 ³⁷큰 광풍이 일어나며 물결이 배에 부딪쳐 들어와 배에 가득하게 되었더라 ³⁸예수께서는 고물에서 베개를 베고 주무시더니 제자들이 깨우며 이르되 선생님이여 우리가 죽게 된 것을 돌보지 아니하시나이까 하니 ³⁹예수께서 깨어 바람을 꾸짖으시며 바다더러 이르시되 잠잠하라 고요하라 하시니 바람이 그치고 아주 잔잔하여지더라 ⁴⁰이에 제자들에게 이르시되 어찌하여 이렇게 무서워하느냐 너희가 어찌 믿음이 없느냐 하시니 ⁴¹그들이 심히 두려워하여 서로 말하되 그가 누구이기에 바람과 바다도 순종하는가 하였더라

마가복음 4:35~41

그 날, 그 긴 하루의 해가 저물고 있다. 이 날은 예수님이 하루 종일 큰 무리와 제자들을 많은 비유로 가르치신 바로 그 날이다. 우리가 이 책으로 살펴보고 있는 마가복음 4장의 비유들은 예수님 말씀의 극히 일부만 기록된 것이다. 예수님은 씨 뿌리는 자의 비유부터 시작해서 여러 가지로 가르치셨다(막4:2). 실로 예수님의 가르침이 낱낱이 기록된다면 이 세상이라도 그 기록된 책을 두기에 부족하리라(요21:25).

하루 종일 가르치신 우리 예수님이 얼마나 고되고 힘드셨을까? 가로등도 없던 시절에 해가 뉘엿뉘엿하면 깜깜해지기 전에 어서 집으로 돌아가 좀 쉬셔야 할 텐데 예수님은 퇴근도 없이 제자들에게 저편으로 건너가자고 말씀하신다.

> 그 날 저물 때에 제자들에게 이르시되 우리가 저편으로 건너가자 하시니 그들이 무리를 떠나 예수를 배에 계신 그대로 모시고

| 가매 다른 배들도 함께 하더니 (막4:35~36)

예수님이 건너가자고 말씀하신 저편은 갈릴리 호수 동남부의 거라사 지방이다. 당시 거라사에는 헬라인들이 주로 살고 있었다. 예수님의 제자들은 모두 유대인들이었지만 이제 예수님을 따라 이방 땅으로 가야 한다. 사람들의 어부[1]로 부름받은 제자들은(막1:17) 이방인을 위한 어부까지도 되어야 했던 것이다.

제자들은 예수님의 말씀에 순종하여 스승을 모시고 바다(갈릴리 호수)를 건너기 시작했다. '모시고'라고 번역된 헬라어 파랄람바노 παραλαμβάνω[2]는 '받아들이다, 좋아하다, 교제하다, 하나가 되다'라는 뜻으로 친밀감을 드러내는 매우 긍정적인 단어다. 그렇다. 이때만 해도 제자들은 소풍 가는 아이처럼 기분이 좋았던 것 같다. 그들은 무리와 분리된 존재였다. 자신이 특별한 존재로 여겨지는 것만큼 기분을 상승시키는 건 없지 않은가. 예수님은 군중이 미는 것을 막기 위해 해안에서 약간 떨어뜨려 정박한 배에서 가르치셨는데(막4:1)[3] 제자들은

---

1   한글 성경에서 '사람을 낚는 어부'로 번역된 헬라어 할리에이스 안트로폰 ἁλιεῖς ἀνθρώπων은 소유격 구문으로 '사람들의 어부' 또는 '사람들을 위한 어부'라는 뜻이다. 교회 안에서 '사람을 낚는 어부'라는 문구는 하나님의 구원 사역에 동참하여 복음을 선포하는 사람 또는 사명을 뜻하는 관용어구로 사용되는데, 이 사역 행함이 나를 위해서가 아니라 하나님을 위함이며(고후5:15), 그물을 던지고 씨를 뿌리더라도 그 결과는 인간의 손에 달린 것이 아니라 사람이 자고 깨는 사이 하나님께서 만선하시고 결실하심을 기억하는 데는 '사람들의 어부'라는 번역이 더 적합하다고 본다.
2   παραλαμβάνω [paralambanō] (스트롱번호 3880) 데리고 가다, 데려오다; 인계하다, 받다, 받아들이다
3   "실제로 무리가 너무 많아 예수님께서는 그들에게 연설하시기 위해 배에 올라타셔야만 했다. 따라서 무리는 예수님께서 배 안에 앉아서 그들을 가르치시는 동안 바닷가에 서 있어야만 했다. 그리하여 우리는 예수님께서 산상설교를

그 예수님을 배에 앉으신 그대로 모시고 떠난 것이다. 다른 배에 있던 소수의 사람들을 제외한 대다수의 무리는 뭍에 서서 예수님과 제자들의 출항을 지켜볼 수밖에 없었다. 예수님을 가까이에서 모신 그들의 특권이 많은 사람들 앞에 드러난 이 순간, 제자들의 어깨가 얼마나 으쓱했을까.

본색이 드러나다

그러나 얼마 지나지 않아 제자들의 수준이 드러나고 만다. 큰 광풍이 일어난 것이다.

> 큰 광풍이 일어나며 물결이 배에 부딪쳐 들어와 배에 가득하게 되었더라 예수께서는 고물에서 베개를 베고 주무시더니 제자들이 깨우며 이르되 선생님이여 우리가 죽게 된 것을 돌보지 아니하시나이까 하니 (막4:37~38)

예수님께서는 고물에서 베개를 베고 주무셨다. 광풍보다 더 큰 위기는 예수님의 주무심이다. 예수님의 베개가 젖어 예수님 코에 물이 들어가면 어떡하나? 우리의 주님이 질식하실 위기이다. 그런데 이런 생각을 하는 사람이 과연 몇이나 될까. 자기 목숨이 위태한 순간에 예

전하시던 것과 아주 유사한 상황에 직면한다. 즉 예수님께서 설교하실 때 무리가 듣긴 하지만, 사실 예수님께서 설교하시는 대상은 제자들인 것이다."
_스탠리 하우어워스, 『마태복음』, (SFC, 2018), p.240.

수님을 먼저 걱정할 사람이 과연 있겠냐는 말이다. 위기는 나의 수준을 확인할 수 있는 기회다. 광풍 앞에서는 사람의 본심이 드러나기 마련이기에 예수님을 사랑하는 것이 목적인 우리에게 진정한 위기의 순간은 예수님보다 나를 더 사랑하게 되는 지점이다.

의기양양하게 배를 띄웠던 제자들이지만 큰 광풍이 일어나 물결이 배에 부딪히고 배에 물이 가득 들어차는 순간 본색을 드러내고 말았다. 그들은 예수님과 친밀하게 교제하던 즐거움은 순식간에 잃어버린 채 아우성을 치며 주무시는 예수님을 흔들어 깨웠다. 잡아먹을 듯이 거칠게 달려들며 "왜 우리가 죽게 된 것을 돌보지 않으시냐"라고 항의했다. 이것이 그들의 본심이며 수준이었다.

예수님이 그렇게 잘못하셨나? 제자들로부터 이런 취급을 받으실 만큼 무심하고 무정하셨나? 나는 예수님을 변호해 드리고 싶다. 예수님은 조금 전 해가 질 때까지 종일 하나님 나라의 신비를 가르치고 쉬지도 못한 채 배를 타셨다. 몹시 피곤하셨을 것이다. 우리와 똑같은 인간의 몸을 입으신 주님은 피곤을 이기지 못하고 주무셨다. 사람은 피곤하면 자야 한다. 예수님의 주무심은 정당하다. 한걸음 더 나아가서 예수님은 광풍 속에도 주무시면서 하나님 나라의 신비를 몸소 보이고 계신다. 우리말 '주무시더니'라고 번역한 헬라어 카듀도 καθεύδω[4]는 사람이 자고 깨는 동안 씨가 자란다는 말씀에서 '자고'로 번역된 바로 그 단어다. 하나님 나라는 사람이 자고 카듀도 깨는 동안 자라난다 말씀하신 주님은 당신의 가르침 대로 행하셨을 뿐이다. 예수님이 주무시는 카듀도 동안에도 하나님의 나라는 자라나는 것이다.

---

4 **καθεύδω** [katheudō] (스트롱번호 2518) 자다

게다가 이 항해는 예수님이 가자고 하신 길이 아닌가? 전능자의 선포는 곧 성취이기에 예수님이 시작하셨으니 말씀하신 대로 건너편에 도달하게 될 것이다. 이는 **하나님 나라가 도래하는 가장 짧은 그림**이다. 예수님이 건너가자고 하셨으므로 이 배는 좌초될 수 없다. 건너편에 닿는 미래는 이미 완성되어 있다. 그 과정에서 사람은 자고 깨면 된다. 출항에서 도착 사이의 이 과정은 인간이 예수님의 말씀을 기억하며 주님을 믿어야 하는 지점이지, 죽을까 두려워 아우성칠 시간이 아니다.

그러나 성경은 제자들의 믿음 없는 수준을 폭로한다. 제자들 중 어느 한 사람도 예수님의 피곤함을 헤아리지 않았다. 예수님의 말씀을 기억하는 사람도, 말씀을 믿는 사람도 없이 그저 자기 살겠다고 주님을 원망하며 흔들어 깨우고 다그쳤다. 그들에게 예수님께 대한 믿음과 사랑, 존경과 존중은 보이지 않는다. 그저 이기적인 그들의 난폭함만 있을 뿐이다. 예수님과 동행이 즐거웠던 건 무리들 앞에서 예수님께 선택받은 제자임이 드러난 그때뿐이었다. 특권은 누렸지만 뒤따라오는 고난은 겪고 싶지 않고, 권리는 누리고 싶지만 책임은 부담하고 싶지 않았다. 처음엔 좋았지만 불어온 광풍에 제자들의 민낯이 드러나고 말았다.

복음으로 인한 구원과 자녀됨의 혜택은 받고 싶지만 복음에 합당한 삶은 피하고 싶다는 태도는 비난받아 마땅하다. 그리스도인들의 인생에서 주님을 향한 사랑을 나타내기로는 일관성 만한 것이 없다. 자신이 맞닥뜨린 모든 상황 가운데서 삶을 일관되게 살아가는 능력은 꾸준한 연습이 필요하다. 제자됨의 특권뿐 아니라 책임을 질 수 있는 어른으로 자라나는 훈련이다. 산들바람이 불어오는 기분 좋은 그 때에도, 광풍이 불어 배에 물이 들어차 이제 죽었구나 싶은 그 때에도, 성도에게는 늘 하던 대로 똑같이 살아갈 힘이 있다. 해 보라. 해 봐야 안다. 해 봐야 자신의 수준을 파악할 수 있으니 일관된 태도를 취해 보라. 저편으로 건너가자 하신 주님이 지금도 함께하신다. 성도의 일관성은 말씀하신 것을 반드시 이루시는 주님의 신실하심을 믿음에서 오고, 어떤 상황에서도 요동치 않고 항해를 할 수 있는 능력은 흔들리지 않는 주님과 함께함에서 온다. 오직 그것만이 성도의 일관된 수준을 결정짓는다.

비유의 실연實演

예수님과 달리 제자들은 잠들지도, 앞으로 나아가지도 못했다. 그저 피곤한 예수님을 흔들어 깨우며 아우성을 칠 뿐이었다. 이들의 모습을 통해 우리가 알게 되는 것은 무엇인가? **바로 제자들이 영락없는 길가와 돌밭과 가시떨기라는 사실이다.** 길가는 말씀을 들었을 때 사탄이 즉시 와서 그들에게 뿌려진 말씀을 빼앗는 것이었다. 제자들은 저편으로 건너가자는 예수님의 말씀을 들었지만 광풍에 의해 즉시 말씀을 빼앗기고 말았다. 돌밭은 말씀을 들을 때 기쁨으로 받으나 뿌리가 없어 말씀으로 인해 환난이나 박해가 일어날 때 넘어지는 자였다. 제자들은 예수님이 건너가자 하셨을 때 즉시 즐거이 주님을 모시고 배를 띄웠으나 뿌리가 없어 광풍 앞에 넘어지고 말았다. 가시떨기는 욕심이 말씀을 막아 결실하지 못하게 되는 자였다. 광풍을 만난 제자들은 죽기 싫다는 욕심에 사로잡혀 결실하지 못하게 된 것이다. 제자들의 황폐함이 고스란히 폭로되고 말았다.

그러나 감사하게도 예수님은 그런 자들을 제자로 부르셨다. 그리고 그들과 지금 한 배를 타고 계신다. **이 장면은 씨 뿌리는 자의 비유의 완전한 실사판이다.** 참으로 씨 뿌리는 자의 비유는 인간에게 결단을 권하기 위해 기록된 이야기가 아니다. 이 말씀은 하나님 나라의 신비를 생생하게 드러낸다. 하나님의 나라는 이처럼 소망 없는 황폐한 땅 위에 세워진다. 내가 열심히 내 마음밭을 개간해서 광풍을 뚫고 나가는 것이 아니다. 내가 열심히 노력해서 이 험한 세상을 햇빛 찬란한 낙원으로 만들어 내는 것이 아니다. 인간은 스스로 노력하여 결실할 수 있는 좋은 땅이 아니다. 하나님의 나라는 황폐한 인간, 곧 길가, 돌밭, 가시떨기 위에 **떨어진 씨의 생명**으로 인해 세워진다. 이것이 **복음**Good News이다. 곧 하나님께서 먼저 말씀하셨고, 예수께서 생명의 씨가 되어 떨어져 죽으셨다는, 그래서 이미 하나님의 나라가 이루어졌고 완성될 것이라는 **좋은 소식**이다.

이제 우리는 예수님이 왜 이들에게 이런 욕을 당하셔야 했는지 안다. 이는 하나님의 나라가 세워지는 과정에 나타나는 필연적인 일이다. 씨는 땅에 심겨 흙에 삼켜져 숨통이 막힘이 필연이다. 세상 죄를 지고 가는 하나님의 어린양은 이리떼가 가득한 세상에서 잡아먹힘이 필연이다. 그래야 하나님의 나라가 세워진다. 예수님은 지금 하나님의 나라를 세워가고 계신 것이다. 그래서 우리는 이제 몰이해와 무개념의 제자들을 통해서도 반드시 하나님 나라는 세워질 것이라고 기대

할 수 있다. 인간의 어떠함을 초월하여 하나님께서 예수님 안에서 행하셨고 또 행하실 일이 바로 그것이기 때문이다. 인간들의 수준은 하나님 나라가 오는 것에 하등 영향을 미치지 못한다. 성경은 처음부터 끝까지, 일관되게 이 이야기를 들려주고 있다.[5]

  부모가 되어 자녀를 양육해 본 사람은 하나님의 마음을 조금 짐작할 수 있지 않을까 싶다. 아이들이 부모에게 '아빠 엄마가 나한테 해준 게 뭐 있어?'라는 못된 말을 할 때가 있다. 나는 아직까지는 이 말을 듣지 않았지만 나의 어머니께 해 본 적이 있다. 그러나 '내가 왜 이런 소리까지 들어가며 얘를 키우고 있냐'라며 자식을 내치는 부모가 있을까? 정신적인 문제가 있는 부모가 아니라면 그럴 수는 없다. 부모가 자식을 진짜로 돌보지 않아서 저런 원망을 듣는 것이 아니다. 먹을 것이 없나? 입을 것이 없나? 그렇지 않다. 반찬도 옷도 넘쳐난다. 부모가 고생해서 벌어서 먹이고 입히는데도 자녀가 미숙하기 때문에 그러는 것이다. 자녀들 때문에 마음고생 중인 분이 계시다면 예수님도 제자들에게 그런 대접을 받으셨다는 데서 위로를 받으시면 좋겠다.

  아이의 소망은 부모가 계신 데 있다. 아이를 사랑하여 책임지고 양육하는 사람이 없다면, 있더라도 간헐적으로 있다면, 아이가 어떻게 바르게 성장할 수 있겠는가? 다행이도 우리 예수님은 간헐적 주님이

---

[5] "하나님의 나라는 하나님의 정의, 창조주의 정의이며, 의롭게 하고 승리하시는 주님의 정의입니다. 세상의 끝과 목표는 왕의 나라의 오심입니다. '아버지의 나라가 오게 하시며!' … 왕의 나라가 오시는 것은 우리의 힘에 전혀 의존하지 않고 이루어집니다. 우리가 우리의 현존과 가능성의 공간인 창조 자체를 위해 아무것도 할 수 없는 것처럼, 그 나라의 오심을 위해서도 그렇습니다 그 나라의 오심은 오로지 우리의 기도의 대상일 뿐입니다."
  _칼 바르트, 『기도』, (복있는사람, 2017), p.97.

아니시다. 그분은 우리와 늘 함께 하신다. 광풍 가운데서도 말이다. 이것이 그리스도인의 소망의 근거이다. 아버지 품에 안긴 자녀가 파도가 칠 때 환호하고 즐거워하듯이, 주님과 동행하는 자에게 광풍은 스릴 넘치는 모험이 된다. 그래서 신앙생활의 관건은 광풍의 유무가 아니라 주님의 함께하심이다.

> 예수께서 깨어 바람을 꾸짖으시며 바다더러 이르시되 잠잠하라 고요하라 하시니 바람이 그치고 아주 잔잔하여지더라 (막4:39)

놀랍게도 제자들이 아니라 애먼 바람과 바다가 예수님께 꾸중을 들었다. "잠잠하라, 고요하라!" 피조세계는 예수님 말씀에 즉각 순종했다. 그쳐버린 바람은 더 이상 바람이 아니고, 배에 부딪혀 들어오던 물결은 이내 사라지고 말았다. 완전한 자기부인이다. 창조주의 명령이 떨어지면 이처럼 피조세계는 자기를 부인하고 만다. 피조물 중 유일하게 인간만 자기를 부인하지 않는다. 제자라고 예외는 아니다. 예수님을 한 배에 모시고 가다가 자신들의 생존에 문제가 생기자 자기를 부인하는 대신 예수님을 원망하며 흔들어 깨운 제자들의 모습은 우리 모두의 부끄러운 민낯이다.

그러므로 성경에 폭로된 제자들의 모습은 본받고 배워야 할 모범이 아니다. 이 말씀은 그저 인간은 자기밖에 모르는 길가, 돌밭, 가시떨기임을 알라고 기록된 것이다. 하나님의 나라는 **씨를 뿌리는 농부**와 **뿌려진 씨의 생명**으로 인해서만 결실하는 나라임을 기억하자. 극단적인 예로 무슬림이 대한민국을 다 삼켜버리면 하나님 나라가 무너지는가? 우리나라의 기독교 다음세대가 사라지면 하나님 나라의 대가 끊어질 것인가?[6] 그럴 수 없다. 하나님 나라는 하나님의 의지와 능력과 성실함으로 이루어진다. 인간들의 어떠함에 좌우되는 그런 나라가 아니다. 물론 동성애, 마약, 무슬림, 초저출산율, 이런 것들은 모두 다 그리스도인들이 간구해야 할 내용들이다. 그러나 중요한 것은 의도와 동기다. 왜 기도하는지가 문제다. 기도의 동기는 두려움일 수 없다. 그리스도인들이 기도하는 동기는 오로지 사랑이어야 한다. 내가 죽을까봐 두려워서 울고불고 하는 기도라면 형벌이 따를 것이다(요일4:18). 하나님은 두려워하는 우리에게 이렇게 말씀하신다.

> "온전한 사랑이 두려움을 내쫓는단다. 너는 왜 그렇게 두려워 떨면서 기도하니? 뭐가 그렇게 근심이 돼서 기도하니? 내가 여기 너와 함께 하는데. 이제 나와 함께 건너가자."

아버지의 나라가 오게 하시며

이날의 제자들은 주님의 말씀에 순종하지 못했다. 그들은 조급했고 무례했다. 그러나 예수님은 그들의 무례함을 질책하지 않고 그저 그들의 요구를 들어주셨다. 우리 주님의 자비와 인내를 찬양하라! 그렇다고 계속 무례해도 되는 건 아니다. 우리는 이 이야기 속의 제자들

---

[6] "그리스도인으로서 우리는 설령 한 세대의 모든 그리스도인이 독신으로 부름받는다고 해도 하나님이 교회를 새롭게 창조하실 것이라 믿는다."
_스탠리 하우어워스, 『교회의 정치학』, (IVP, 2019), p.168.

이 미숙한 상태임을 기억해야 한다. 앞으로 제자들은 예수님의 양육을 받으며 계속 자라날 것이다. 성숙해진 그들은 하나님 나라를 위하여 순교하는 용사가 될 것이다.

군인의 목적은 나라와 형제를 지키는 것이다. 우리도 마찬가지이다. 신앙의 목적은 나의 목숨을 지키는 것이 아니다. 누구든지 자기 목숨을 구원하려 드는 사람은 잃을 것이요 예수님 때문에 자기 목숨을 잃는 사람은 찾을 것이다(마16:25). 그리스도인들의 신앙의 목적은 마음과 뜻과 목숨을 다해 하나님을 **사랑**하고, 죄에서 우리를 건져 의롭다 하신 그분을 **경배**하는 것이다. 하나님의 힘을 이용해 나의 목숨과 명예와 부를 지키는 것은 기독교 신앙이 아니다. 기독교인의 삶의 의도와 동기는 오직 사랑이다. 예수님으로부터 사랑받은 대로 그분을 사랑하는 이 사랑은 자기의 유익을 구하지 않고 무례히 행치 않는다(고전13:5).

부디 기독교의 고상함을 잃지 않기를 바란다. 신앙의 성숙한 어른들이 많아지길 바란다. 자기의 유익을 위해 주님 앞에서 고래고래 살려달라고 부르짖는다면 그 기도가 응답된들 무슨 유익이 있겠는가? 기도라는 선한 행위를 하더라도 나의 유익을 위해 구했다면 사랑이 없기에 하나님 앞에 울리는 꽹과리 소리일 뿐이다. 예수님은 그런 제자들의 마음 속을 다 알고 계셨다. 그리고 비로소 몸을 돌려 제자들에게 말씀하신다.

> 이에 제자들에게 이르시되 어찌하여 이렇게 무서워하느냐 너희가 어찌 믿음이 없느냐 하시니 그들이 심히 두려워하여 서로 말

> 하되 그가 누구이기에 바람과 바다도 순종하는가 하였더라
> (막4:40~41)

제자들이 왜 그렇게 기도했는지가 드러났다. 그들은 무서웠다. 동서고금, 남녀노소를 막론하고 '무서움'은 무섭다. 겁 많은 개들이 짖기 마련이다. 무서움의 원인도 드러났다. 바로 **믿음의 부재**이다. 제자들은 무엇을 믿지 못했던 것일까? 첫째, 그들은 하나님의 나라가 사람이 자고 깰 때 성장한다는 예수님의 말씀을 믿지 못했다. 그분의 나라는 인간의 어떠함과 상관없다는 주님의 말씀을 잃어버렸기 때문이다. 둘째, 저편으로 건너가자고 하신 스승의 말씀도 믿지 못했다. 그래서 그들은 잠을 잘 수가 없었고, 주무시는 예수님을 부르짖어 깨울 수밖에 없었다. 셋째, 그들은 예수님을 믿지 못했다. '믿음의 주'(히12:2)가 되시는 예수님이 지금 한 배에 타고 계시건만, 겁에 질린 그들의 안중에

Rembrandt van Rijn,
"The Storm on the Sea of Galilee" 1633

그분은 없었다. 제자들은 광풍에게 예수님의 권위도, 예수님의 말씀도 예수님의 실존도 모두 빼앗겨 잃어버리고 말았다. '무서움'이란 이토록 무섭다.

17세기의 화가 렘브란트는 그의 그림 〈갈릴리 바다의 폭풍〉에서 제자들의 모습을 인상적으로 표현했다. 그림 속에 묘사된 제자들은 살기 위해서 무엇이든 필사

적으로 움켜쥐고 있다. 자신들의 두 손으로 밧줄을 잡고, 돛대와 돛을 잡고, 노를 잡고, 머리를 싸매고, 급기야 예수님의 멱살까지 잡았다. 왜 이렇게 잡고 있는 것인가? 하나님 나라를 위해서인가, 아니면 자기 목숨을 위해서인가? 자기 목숨이다. 이걸 '욕심'이라고 한다.

인간이 무슨 수로 이 욕심을 해결할 수 있단 말인가! 사실 인간은 아무리 애를 써도 욕심을 완전히 내려놓을 수 없는 가련한 존재다. 그런데 욕심이 내려놓아지는 순간이 있으니 바로 잠들었을 때다. 아이의 꽉 쥔 주먹은 잘 때 비로소 펴진다. 그렇다. 인간은 자야 한다. 그래야 자신을 위해, 자기 목숨을 위해 꽉 움켜쥐었던 손이 스르르 펴지는 것이다. 예수님은 사람이 잘 때 하나님 나라가 자란다고 말씀하셨다. 인간이 힘주어 붙든다고 하나님 나라가 자라나는 게 아니다. 기독교 신앙은 내가 뭔가를 붙잡아서 되는 게 아니라 하나님이 이런 이기적인 우리를 붙잡고 계심을 믿는 것이다. 주님께서는 현재 우리뿐만 아니라 온 땅을 붙잡고 계신다(계7:1). 주님이 붙잡고 계시기에 우리는 비로소 손을 놓고 살 수 있는 것이다. 이것이 **신자의 자유**이다.

예수님의 정체

위기상황에서 예수님께 무례하게 행했던 제자들의 모습은 오늘 우리 스스로를 돌아보게 한다. 진지하게 자문자답 해 보자. 우리들 각자에게 예수님이 누구신지를. 예수님이 이 땅에 오신 이유는 하나님 나라 복음을 전하고 씨로 땅에 떨어져 죽기 위함이지, 제자들의 뒤치다

꺼리를 하기 위함이 아니다. 예수님은 우리를 돌보시는 분이기 전에 바람과 바다도 그분의 말씀 앞에 순종하게 하시는, 우리의 예배를 받으셔야 할 하나님이시다. 제자들은 예수님을 자신들을 위한 분이라고 오해했기에 그분께 감히 해선 안 될 무례한 행동도 거침없이 했다. 만약 우리도 예수님이 우리를 돌보시는 분이라고만 생각한다면 광풍 앞에서 철없는 아이처럼 그분의 멱살을 잡고 흔들어 깨우려 달려들지 모른다.

그러나 성경은 우리가 그렇게 무례하게 행하도록 내버려 두지 않는다. 하나님은 우리가 그렇게 대해도 되는 분이 아니시다. 유대인들은 이 사실을 알고 있었다. 갈릴리 바다의 폭풍 이야기는 성경을 통해 유대인들에게 이미 알려진 이야기이기 때문이다. 시편 107편에서 확인해 보자.

> 배들을 바다에 띄우며 큰 물에서 일을 하는 자는 여호와께서 행하신 일들과 그의 기이한 일들을 깊은 바다에서 보나니 여호와께서 명령하신즉 광풍이 일어나 바다 물결을 일으키는도다 그들이 하늘로 솟구쳤다가 깊은 곳으로 내려가나니 그 위험 때문에 그들의 영혼이 녹는도다 그들이 이리저리 구르며 취한 자 같이 비틀거리니 그들의 모든 지각이 혼돈 속에 빠지는도다 이에 그들이 그들의 고통 때문에 여호와께 부르짖으매 그가 그들의 고통에서 그들을 인도하여 내시고 광풍을 고요하게 하사 물결도 잔잔하게 하시는도다 그들이 평온함으로 말미암아 기뻐하는 중에 여호와께서 그들이 바라는 항구로 인도하시는도다 여호와의

> 인자하심과 인생에게 행하신 기적으로 말미암아 그를 찬송할지로다 백성의 모임에서 그를 높이며 장로들의 자리에서 그를 찬송할지로다 (시107:23~32)

이 시편에 따르면 광풍이 일어나 바다 물결을 일으키는 것은 여호와께서 명령하셨기 때문이다. 큰 물결에 의해 하늘로 솟구쳤다가 깊은 곳으로 내동댕이쳐지는 배 안의 사람들은 두려움에 영혼까지 녹아서 부르짖지만, 광풍을 고요하게 하시고 물결도 잔잔하게 하셔서 평온하게 항구로 인도하시는 여호와 하나님을 경험한 후에는 그분을 높이고 찬송하는 존재로 바뀌게 된다. 갈릴리 바다에서 제자들이 탄 배를 삼킬 듯 달려들던 광풍도 예외가 아니다. 이날의 미친 바람과 거센 물결은 여호와의 명령에 따라 일어났다가 여호와의 명령에 따라 사라졌다. 예수님께서는 어린아이 수준의 제자들을 예배자로 만들어가기 위해 이 상황을 조성하신 것이다. 성삼위 하나님은 그렇게 당신의 나라를 만들어 가고 계셨다.

예수님의 부르심을 받아 그분을 따르면서도 그분이 누구신지 몰랐던 제자들은 광풍과 물결을 잠잠케 하신 예수님을 경험한 후 "그가 누구이기에 바람과 바다도 순종하는가"라며 심히 두려워했다. 제자들은 예수님이 누구신지 몰랐다. '그'는 누구인가? 우리는 이제 알고 있다. 예수님은 처음부터 말씀하여 오신 분이다(요8:25). 시편에 기록된 대로 하나님의 일, 곧 광풍과 물결을 잠잠케 하는 일을 하신 예수님은 **이스라엘의 여호와 하나님**이시다. 그분은 모든 상황 가운데서 우리의 찬양을 받기에 합당하신 분이다.

이 사실을 알지 못한 인간들은 이 땅에 오신 하나님을 십자가에 못 박기까지 거절했다. 하지만 그분은 당신이 뿌려 떨어지신 그 길가, 그 돌밭, 그 가시떨기 안에서 싹을 틔우고 결실하여 하나님의 나라를 이루셨다. 그 결과 오늘 우리가 여기에서 여호와 하나님을 경배하고 있다.

보라! 하나님의 나라는 인간들의 어떠함에 좌우되지 않는다. 어떠한 상황 속에서도 하나님의 나라는 오고야 마는 나라이다. 제자들도 지도자들도 온 백성들도 무지했지만 그들의 수준과 상관없이 이스라엘에게는 소망이 있었다. 소망은 인간이 아닌 이스라엘의 하나님께만 있기 때문이다. 열방도 마찬가지다. 이스라엘의 수준과 하등 다를 바 없는 온 열방도 하나님의 손 아래 붙들려 있기에 여전히 소망이 있다. 할렐루야!

결국 씨 뿌리는 자의 비유가 첫 단추다. 하나님의 나라는 어떠한 상황 가운데서도 반드시 온다. 길가, 돌밭, 가시떨기, 어둠, 아무렇게나 뿌려짐, 잠을 잠, 작고 작은 겨자씨, 땅에 묻힘, 풍랑이 닥쳐옴, 예수님의 멱살이 잡힘, 이런 모든 상황에도 하나님의 나라는 오고야 만다. 기억하라! 어찌 믿음이 없냐고 제자들을 나무라신 예수님이 거기서 심판하여 끝내지 않으시고 맞은편 거라사 땅까지 인도하시는 모습을. 예수님은 하나님의 나라를 이루셨고 이루실 것이다. 이것이 **씨 뿌리는 자의 비유의 결론**이고, 이것이 **하나님 나라의 신비**이며 이것이 바로 **복음**이다. 곧, 복음은 인간들은 건너갈 수도 없고 만들어 낼 수도 없는 나라를 하나님이 친히 만들어 내신다는 좋은 소식이며 예수님이 오셔서 이미 만들어 내셨다는 좋은 소식이다.

하나님 나라의 신비

우리는 이제 씨 뿌리는 자의 비유를 알았고 성경 전체를 조망하는 눈을 얻었다. 이 시각으로 로마서 10장과 11장을 본다면 어떨까? 하나님 나라의 놀라운 신비를 직접 확인해 보자.

> 형제들아 내 마음에 원하는 바와 하나님께 구하는 바는 이스라엘을 위함이니 곧 그들로 구원을 받게 함이라 내가 증언하노니 그들이 하나님께 열심이 있으나 올바른 지식을 따른 것이 아니니라 하나님의 의를 모르고 자기 의를 세우려고 힘써 하나님의 의에 복종하지 아니하였느니라 그리스도는 모든 믿는 자에게 의를 이루기 위하여 율법의 마침이 되시니라 (롬10:1~4)

예수님이 오신 이유는 자기 의를 세우려고 힘써 하나님의 의에 복종하지 않은 자들에게 의를 이루시기 위함이다. 하나님의 의를 모르고 자기 의를 세우려고 힘써 하나님의 의에 복종하지 않은 처참하고 황폐한 이스라엘에게 예수 그리스도가 오셨다. 그렇게 오신 주님은 그들의 수준에 구애받지 않으셨다. 예수 그리스도는 하나님의 열심에 순복하여 십자가에서 죽고 하나님의 의를 완성하여 율법의 마침텔로스τέλος[7]이 되셨다. 그래서 비로소 그를 믿는 자는 부끄러움을 당하지 않고(롬10:11), 누구든지 주의 이름을 부르는 자는 구원을 받는(롬10:13) 은혜의 때가 시작되었다.

---

7 τέλος [tĕlŏs] (스트롱번호 5056) 끝, 결말, 목표, 결과

그럼에도 불구하고 복음에 순종하지 않는 백성들이 있다. 하나님은 이들을 어떻게 하실까?

> 그러나 그들이 다 복음을 순종하지 아니하였도다 이사야가 이르되 주여 우리가 전한 것을 누가 믿었나이까 하였으니 그러므로 믿음은 들음에서 나며 들음은 그리스도의 말씀으로 말미암았느니라 그러나 내가 말하노니 그들이 듣지 아니하였느냐 그렇지 아니하니 그 소리가 온 땅에 퍼졌고 그 말씀이 땅 끝까지 이르렀도다 하였느니라 그러나 내가 말하노니 이스라엘이 알지 못하였느냐 먼저 모세가 이르되 내가 백성 아닌 자로써 너희를 시기하게 하며 미련한 백성으로써 너희를 노엽게 하리라 하였고 이사야는 매우 담대하여 내가 나를 찾지 아니한 자들에게 찾은 바 되고 내게 묻지 아니한 자들에게 나타났노라 말하였고 이스라엘에 대하여 이르되 순종하지 아니하고 거슬러 말하는 백성에게 내가 종일 내 손을 벌렸노라 하였느니라 (롬10:16~21)

포기하지 않으시는 하나님은 인간들이 하나님을 부를 수 있도록 말씀이신 예수님을 보내셨다. 믿음은 들음에서 나기 때문이다. 그렇게 땅에 떨어지신 예수님이 계속해서 말씀하셨지만 듣지 않았다. 알았지만 아는 자처럼 살지 않았다. 그들에게는 말씀대로 살아갈 힘이 없었다. 그래서 하나님은 순종하지 않고 거슬러 말하는 백성에게 당신의 손을 종일 벌리셨다.

이것이 십자가 위에서 일어난 일이다. 하나님의 아들 예수 그리스도는 십자가 위에서 손을 벌리고 죽기까지 내려오지 않으셨다. 무서워서 뭐든 움켜쥐어야 하는 인간들과는 완전히 다른 절대적인 복종이었다. 어떻게든 율법을 지키고, 기도를 하고, 선행을 하고, 헌금을 하고, 예배에 출석을 하고, 뭐든 붙잡아서 살아 보려고 발버둥치는 인간들을 향해 하나님은 지금까지도 손을 벌리고 계신다. 그래서 바울이 로마서 11장 1절에서 담대하게 믿음으로 선언할 수 있었던 것이다.

> 그러므로 내가 말하노니 하나님이 자기 백성을 버리셨느냐 그럴 수 없느니라 나도 이스라엘인이요 아브라함의 씨에서 난 자요 베냐민 지파라 (롬11:1)

길가, 돌밭, 가시떨기인 이스라엘에게 하나님은 종일 손을 벌리셨고, 어떠한 강풍이 불어와도 당신의 강한 손으로 꽉 붙들고 계셨다. 그래서 이들은 버림받지 않는다. 이들만 버림받지 않을까? 이방인 그리스도인들도 마찬가지다. 이스라엘이 넘어져 버려진 것 같은 이방인의 때, 은혜의 때에 그분의 손에 붙들려 온 우리는 여기서 끝이 아님을 이제 알아야 한다.[8] 이제는 우리가 고개를 들어 아버지께 간구할 차례다.

---

8 "'이방인의 때가 차기까지' 얼마 남지 않았다. 권고의 때는 곧 지나가 버릴 것이며, 남용하던 그들의 특권은 빼앗기게 될 것이다. 하나님의 심판이 그들에게 임할 것이고, 그들은 하나님이 기뻐하시지 않은 그릇들처럼 팽개침을 당할 것이다. 그들의 지배권이 떠나갈 것이며, 뽐내던 제도들이 산산이 부서질 것이다. 물론 유대인들은 회복될 것이며, 주 예수께서 큰 영광과 권능 가운데 다시 오실 것이다. 결국 이 세상의 나라들이 주 그리스도와 하나님의 나라가 될 것이며 '이방인들의 때'는 끝날 것이다. 이러한 사실들을 알며 하나님의 아들을 믿는 믿음 안에서 사는 자들은 복된 사람들이다. 오직 그러한 사람만이 주 예수 그리스도의 나타나심과 세상에 임할 일들을 준비하는 사람이다."
_ J.C.라일, 『존 라일 사복음서 강해: 누가복음 II』, (CLC, 2011), p.350.

"아버지, 아버지의 나라가 완성될 때 우리만 있으면 되겠습니까? 우리만으로는 안 됩니다. 저들은 어떻게 해야 됩니까?"
"걱정 말아라. 나는 저들을 버리지 않았단다. 너희도 건졌는데 저들을 버리겠느냐? 나는 지금도 여전히 종일 손을 벌리고 있단다."

하나님의 나라는 그분의 긍휼과 신실하심으로 그렇게 이뤄지는 나라다. 하나님의 이 긍휼과 신실하심이 예수 그리스도 안에 나타났다. 그래서 예수 그리스도 안에서 누구든지, 유대인과 이방인 모두가 은혜를 받을 것이다. 인간이 붙잡아서도 아니고, 인간이 뭘 해서도 아니다. 하나님이 손을 벌리셨기 때문이다. 그 나라는 황폐한 길가와 돌밭과 가시떨기 위에 **생명의 씨 예수 그리스도**를 뿌려 자라나게 하신 **농부 하나님**으로 인해 오는 나라이다.

모든 인간들은 자기 욕심을 버리지 못하고 생존을 위해 뭔가 붙잡는데 혈안이 되어 종교생활을 한다. 그러나 기독교 신앙은 이 하나님을 믿는 것이다. 그리스도인은 자신도 모르는 사이, 아버지 품에서 움켜쥔 손을 편 채로 하나님을 믿고 편안히 잠을 잔다. 성경에서 본 그분이 하신 일과 하실 일을 기억하고 그분을 신뢰하며 우리 하나님이 약속하신 일들을 속히 이루어 달라고 함께 기도하자. 호들갑 떨지 않고 묵묵히 신앙의 항해를 해 나갈 수 있기를 축복한다.

우리 안에 착한 일을 시작하신 이가 마지막 날까지 이루실 것이다 (빌 1:6). 하나님이 시작하신 일이므로 하나님께서 이루실 것이다. 이 믿음의 근거는 우리의 어떠함이 아니다. 우리는 여전히 세상의 광풍 앞에서 함께하시는 주님을 잃어버리고 살려달라고 울부짖지만, 우리의 수준과 상관없이 일을 성취하시는 여호와 하나님은 믿을 수 있는 분이시다. 우리는 그 안에서 자고 깨며 장성한 분량까지 자라가고, 하나님의 나라가 이뤄지는 모습을 보게 될 것이다. 하나님은 우리를 의인 삼아 주셨다. 하나님이 그렇다고 하셨으니 그렇게 된 것이다.

나는 작년에 태어난 막내 아들 이름을 '의연'이라고 지었다. 이 아들은 누가 뭐래도 '의연'이다. 다른 사람들이 마음대로 '죄연'이라 바꿀 수 없다. 세상 아비가 지은 이름도 이러한데 하물며 누가 하나님께서 이미 의인 삼으신 우리의 신분을 도로 죄인으로 바꿀 수 있겠는가!

제자들이 걷는 이 길은 예수님이 먼저 가자고 하신 길이기에 반드시 도착하게 될 여정이다. 예수님이 시작하셨다면 반드시 이루어질 것이니 제자 된 우리는 그냥 믿고 따라가면 된다. 우리는 하나님이 씨를 뿌리신 분이시며 동시에 추수하실 분임을 알고 있고, 씨로 뿌려진 예수 그리스도의 생명으로 인해 반드시 결실하게 될 것을 알고 있다. 우리는 창세기에서 창조주 하나님을 읽어 알고 있고, 요한계시록에서 다시 오실 하나님을 읽어 알고 있다. 성경을 선물로 받아 처음과 끝을 이미 알고 있는 그리스도인들은 그 사이의 시간동안 매일 씨를 뿌리고 자고 깨며 살아간다.

이 세상살이는 핍박과 박해로 인해 결코 녹록지 않은 눈물 골짜기의 연속이지만 결국 아버지의 나라가 오게 될 것을 알기에 그분을 바라보며 그저 오늘을 사는 것이다. 로완 윌리엄스는 "어떤 그리스도인이든 가장 하기 어려운 일은 바로 지금 이 순간을 감내하는 일"이라고 했다.[9] 더 좋아질 미래에 대한 기대 때문에 실망스러운 현재를 외면하

---

9 "'지금 이 순간' 교회의 모습은 어떤가요? 마르코(마가)가 그리고 있는, 예수

는 태도는 소망 없는 이 땅에 떨어져 십자가에 달리신 그리스도를 믿는 신앙과 거리가 먼 것이다. 그리스도인은 하나님이 지금도 우리와 함께하시며, 여전히 약속을 이루기 위해 쉬지 않고 일하고 계심을 신뢰하면서, 어떠한 오늘도 감내하는 사람들이다.

제자도는 하나님이 약속하신 그것이 이루어짐을 믿고 살아가는 삶이다. 교회는 광풍을 두려워하며 울부짖는 사람들이 아니라 주님의 나라가 이 땅에 임하도록 간구하는 사람들이다. 하나님의 나라와 그의 의를 구하는 그리스도의 몸 된 교회로 살아가시기를 피차 축복한다.

와 함께했던 제자들의 모습과 너무나도 닮아 있지 않습니까? 부끄럽기 짝이 없는 '지금 이 순간' 교회의 모습에서 눈을 돌려 (미래의, 그렇기에 실재하지 않는) '더 나은' 교회를 향해 우리의 열정과 상상력을 쏟아붓기란 그리 어려운 일이 아닙니다. 그러나 '지금 여기', 곧 십자가에 못 박힌 예수가 있는 곳, 몸부림치지만 늘 실패하는 공동체가 있는 곳이야말로 영광스러운 사람의 아들이 이 세계에 모습을 드러내는 곳입니다. … 어떤 그리스도인이든 가장 하기 어려운 일은 바로 '지금 이 순간'을 감내하는 일입니다. 현실이 좋다거나 이러한 현실에서 살아가는 것이 행복하다고 억지로 위장하지 않은 채 그저 하느님께서 '지금, 여기', '이 낮고 하찮은 땅에'서 우리를 만나고 계신다는 것을 받아들이는 일 말이지요. 이 만남은 기쁨으로 가득 찬 만남일 수도 있지만, 두렵고 끔찍한 만남일 수도 있습니다."
_로완 윌리엄스, 『심판대에 선 그리스도』, (비아, 2018), pp.55~56.

예수께서 다시 바닷가에서 가르치시니
큰 무리가 모여들거늘
예수께서 바다에 떠 있는 배에 올라 앉으시고
온 무리는 바닷가 육지에 있더라

이에 예수께서 여러 가지를 비유로 가르치시니
그 가르치시는 중에 그들에게 이르시되

들으라 씨를 뿌리는 자가 뿌리러 나가서

뿌릴새 더러는 길 가에 떨어지매
새들이 와서 먹어 버렸고

더러는 흙이 얕은 돌밭에 떨어지매
흙이 깊지 아니하므로 곧 싹이 나오나

해가 돋은 후에 타서 뿌리가 없으므로 말랐고

더러는 가시떨기에 떨어지매 가시가 자라
기운을 막으므로 결실하지 못하였고

더러는 좋은 땅에 떨어지매
자라 무성하여 결실하였으니
삼십 배나 육십 배나 백 배가 되었느니라 하시고
또 이르시되 들을 귀 있는 자는 들으라 하시니라

마가복음 4장 1~9절

마치는 글

마가복음 4장은 온통 씨 뿌리는 자의 비유였다. 마가복음 4장만이겠는가? 성경은 온통 씨 뿌리는 자의 비유이다(요5:39). 씨 뿌리는 자의 비유는 밭의 비유가 될 수 없다. "좋은 마음으로 말씀을 받자. 좋은 밭이 되어 많은 열매를 맺자."라고 전하는 메시지는 말씀의 바른 적용이 아니다.

마가복음 4장의 핵심은 황폐한 땅에 뿌려 떨어지신 예수님이셨다. 밭은 스스로 좋아질 수 없다. 범죄한 인간에게 무엇을 기대할 수 있단 말인가! 인간에게는 소망이 없다. 인간은 그 어떤 실력자가 와도 살려낼 수 없는 황폐한 땅이다. **하나님이라면 모를까**. 그래서 하나님께서 친히 일을 하셨다. 죽음으로 돌진하는 비참한 죄인에게 느닷없이 생명의 씨를 뿌리셨다. 그렇게 썩은 땅에 떨어진 씨앗은 우리 안에서 생명의 열매를 맺었다. 그래서 생명은 만든 게 아니라 받은 것이다. 우리는 그렇게 구원을 **받았다**.

믿음의 조상 아브라함 역시 그의 믿음이 좋아서 하나님의 부르심을 받은 것이 아니었다. 아브라함 역시 길가, 돌밭, 가시떨기였지만 언약을 주시고 그 언약을 이루시는 하나님의 열심은 아브라함이라는 밭을 기경하여 열매를 맺으셨다. 성경을 읽는 이들이 하나님의 이 열심을 알게 되기를 바란다. 성경의 주인공이 하나님이심을 알고, 성경의 품격을 높여 주기를 바란다. 성경의 인물들을 소개하며 그들을 닮자고 권면하는 메시지는 성경을 위인전으로 격하시키는 행위이다. 부디 이 책을 통해 인간이 아닌 하나님을 볼 수 있는 안목이 열리기를 바란다.

우리 하나님은 어두운 현실 속에서도 약속하신 등불을 끄지 않으시는 분이다. 그분은 겨자씨와 같이 작고 무력해 보이는 모습 속에 감추인 생명력으로 무겁고 두터운 땅을 뚫고 올라와 보란듯이 새 생명의 꽃을 피우시는 분이다. 제자들은 예수님을 곁에서 모시고 그분의 가르침과 돌봄을 받으면서도 그분이 누구신지 몰랐다. 예수님은 바다를 잠잠케 하시는 이스라엘의 여호와, 천지의 창조주시지만 제자들은 그분을 알아보지 못했으며 그분의 말씀을 믿지 못했다.

그런 믿음 없고 이기적이며 무례한 수준의 제자들 가운데서도 예수님은 하나님의 나라를 이루어 가셨다. 1세기 유대인들과 로마인들이 그분을 향해 고함을 지르고 침을 뱉으며 마구 때려 십자가에 못 박아 죽였지만 하나님은 인간의 무례함과 범죄함 속에서도 당신의 나라를 지키시며 이뤄 가셨다. 그것이 예수님의 부활이며, 성령의 강림이며, 교회의 탄생이며, 복음이 전파된 새로운 창조의 역사이다. 그때로부터 지금까지 복음이 온 세상에 전파되었고, 전 세계에서 지금도 성경이 읽히고 있다. 문제는 그분의 피로 낳으신 교회가 여전히 그분이 누구신지 모르고 그분의 말씀을 믿지 못하는 어린 수준에 머물러 있다는 것이고, 성경을 그리스도와 하나님의 나라 중심으로 읽지 못한다는 것이다.

인류는 여전히 심판 받아 마땅한 황폐한 밭이다. 그러나 그 위에 하나님은 여전히 당신의 능력으로 당신의 나라를 이뤄 가시며 머지않아 완성하실 것이다. 절망의 이스라엘과 제자들, 그리고 온 인류에게 유일한 소망은 하나님뿐이다.

이것이 씨 뿌리는 자의 비유를 통해 우리가 확인한 소망이다. 하나님은 어떠한 상황에서도 반드시 당신의 나라를 이루실 것이다. 그러니 그리스도인들은 암울한 현실 때문에 좌절하거나 낙심할 수 없다. 세계 각지의 이상기온, 선진국들의 도덕적 해이와 심각한 수준으로 퍼져 나간 마약중독, 중국의 경제위기로 불법 이민자들이 넘쳐나고 우크라이나와 러시아의 전쟁은 끝날 기미가 보이지 않는다. 이스라엘과 하마스의 전쟁이 계속되는 중동은 여전히 언제 터질지 모르는 전 세계의 화약고이고, 아프리카와 서남아시아 국가들의 독재와 가난, 남미의 마약과 폭력과 가난은 해결의 실마리가 보이지 않는다.

이런 현실의 소식은 우리를 두렵게 하지만, 우리는 별 일 없이 주님을 경외함으로 주님의 나라를 구하며 편히 자고 일어날 뿐이다. 길가, 돌밭, 가시떨기, 어둠, 아무렇게나 뿌림, 겨자씨만큼 작음, 땅에 묻힘, 풍랑이 일어 죽을 것 같음, 믿음이 없어 예수님의 멱살을 잡는 무례함 가운데서도 하나님의 나라는 반드시 이뤄질 것임을 확인했기 때문이다.

    죽음의 풍랑을 뚫고 건너간 거라사에서 예수님은 귀신에 사로잡힌 이방인 한 사람을 온전케 하셨다(막5:1~20). 그렇다. 생명의 탄생은 씨앗의 죽음에서 비롯된다. **파괴는 창조를 창조했다.**

    황폐한 땅에 하나님의 빛이 비추이는 이 이야기는 오늘도 계속된다. 창조주 하나님은 지금도 당신의 손에 쥐어진 밀알이 되어 그분이 던지시는 대로 뿌려질 제자들을 찾으시고 부르신다. 내가 파괴되어 하나님의 생명을 창조할 사람을 말이다. 극심한 피곤과 낙심, 갖은 수모와 절망을 부르는 죽음의 풍랑을 뚫고 건너가 살려내야 할 한 사람이 그곳에 있기 때문이다.

    나와 당신이
    창조주의 손에 들린
    바로 그 밀알이 되기를.

씨 뿌리는 자의 비유
: 예수님이 들려주신 하나님 나라의 비밀 이야기

발행일 2024. 4. 23. 초판 1쇄

지은이 김민규

편 집 나은영

펴낸이 나은영
펴낸곳 도서출판 인오 In Awe
등록번호 제2021-000051호
전 화 02-532-3901
팩 스 0504-027-3901
inawebook@naver.com
http://blog.naver.com/inawebook

ISBN 979-11-987370-0-7 (03230)

값 8,500원